Liebe Leserinnen und Leser,

Osnabrück hat eine ganz besondere Reformation erlebt. Das kennzeichnet die kirchliche und religiöse Atmosphäre in der Stadt bis heute. Ein Bischof, Franz von Waldeck, hat 1543 die Reformation begonnen. Das gab es nur selten. Zwar musste er schon fünf Jahre später alles widerrufen, doch der evangelische Glaube ließ sich nicht mehr zurückdrängen, obwohl wieder offiziell katholisch regiert wurde.

Prof. Dr. Martin H. Jung   Superintendent Friedemann Pannen

Ebenfalls prägend für die Stadt wurde 100 Jahre später der Westfälische Friede. 1648 beschlossen europäische Diplomaten in Osnabrück und in Münster das Ende des Dreißigjährigen Krieges. In Osnabrück wechselten sich fortan, bis 1802, katholische und evangelische Bischöfe in der Regentschaft ab. So wurde Osnabrück zur Friedensstadt. Mit großem Engagement wird auch heute in der Stadt Friede gefördert und gelebt.

In Osnabrück wurde Toleranz praktiziert, als andernorts Menschen wegen ihres Glaubens auswandern mussten. Seit der Reformationszeit leben hier Protestanten und Katholiken Seite an Seite, und das Jahr 2017 werden sie unter der Überschrift »500 Jahre Reformation« gemeinsam gestalten. Landeskirche und Bistum kooperieren, wie auch bei vielen anderen Anlässen und Themen.

Wir laden Sie herzlich ein, beim Lesen Osnabrück als Stadt der Reformation, als Stadt der Ökumene und als Stadt des Friedens zu entdecken und die Kirchen und Orte, die wir Ihnen vorstellen, zu besuchen.

Die Herausgeber

Prof. Dr. Martin H. Jung
Institut für Evangelische Theologie
an der Universität Osnabrück

Superintendent Friedemann Pannen
Evangelisch-lutherischer Kirchenkreis
Osnabrück

Inhalt

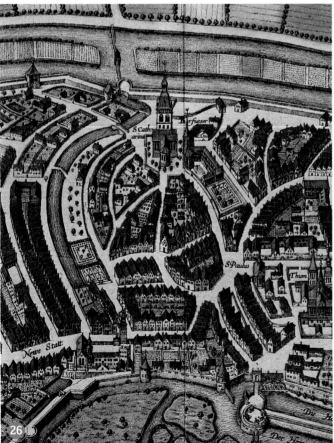

62 Religiöses Leben heute

SCHLOSS UND KATHARINENKIRCHE — *Mitten in der Stadt lädt der Schlossgarten zum Verweilen und Erholen ein.*

STECKENPFERDREITEN — *Jährlich im Oktober reiten Osnabrücker Schulkinder auf selbstgebastelten Steckenpferden zum Rathaus, um an die Verkündung des Westfälischen Friedens im Oktober 1648 zu erinnern. Diesen Brauch gibt es seit 1953. Er verdankt sich einer 1875 entstandenen Legende.*

DER FRIEDENSSAAL — *Den früheren Sitzungssaal im Rathaus schmücken Porträts der Regenten und Diplomaten, die von 1643 bis 1648 in Münster und Osnabrück über den Frieden verhandelten.*

Osnabrück entdecken

—

VON BRIGITTE NEUHAUS

Varusschlacht

In Kalkriese haben Archäologen ein Schlachtfeld ausgegraben, auf dem vor 2000 Jahren Germanen und Römer miteinander kämpften – möglicherweise ist dies der Ort, wo Varus im Jahre 9 n. Chr. im Kampf mit Arminius seine drei Legionen verlor.

▶ www.kalkriese-varusschlacht.de

Theater am Domhof

Gleich neben dem Dom Sankt Petrus lädt das Theater mit einem offenen Café ein. Die Osnabrücker lieben ihr Theater, denn es bietet eine gelungene Programmmischung aus Tanztheater, Oper und Schauspiel mit außergewöhnlichen Spielorten und Inszenierungen.

▶ www.theater-osnabrueck.de

Events

Alljährliche Höhepunkte im kulturellen Leben von Stadt und Land sind Musikfestivals wie die Maiwoche im Frühling und das »Morgenland Festival« im Herbst (▶ S. 71), der »Sommer in der Stadt« und das Steckenpferdreiten (▶ S. 6 f. und 69) im Oktober zur Erinnerung an die Verkündung des Westfälischen Friedens. Im Osnabrücker Land ziehen vor allem die Gartenfestivals auf Schloss Ippenburg und die Großveranstaltungen zu Ostern bzw. Pfingsten in Kalkriese Besucher an. Beliebt sind außerdem die Wein- und Gourmetfeste sowie die Weihnachtsmärkte in Stadt und Land.

▶ www.osnabrueck.de/tourismus

Das Osnabrücker Rad

Ein sechsspeichiges Rad diente Osnabrück seit dem 13. Jahrhundert als Stadtsiegel. Es wurde zum Wappen von Stadt und Bistum und findet als solches bis heute Verwendung. Wie kam Osnabrück zu dem Rad? Viel spricht dafür, dass es sich um das Rad handelt, mit dem die Heilige Katharina gemartert wurde (▶ S. 48). Die Katharinenverehrung war in Osnabrück stark ausgeprägt, wovon bis heute die Kirche St. Katharinen zeugt.

Interesse an Geologie, Archäologie, Theologie? Osnabrück hat jedem etwas zu bieten!

Über 1000 Jahre alt und doch sehr jung

Als Missionszelle um 780 n. Chr. gegründet, hat sich Osnabrück zu einer lebens- und liebenswerten Großstadt entwickelt. Aus Osnabrücks Vergangenheit als Hansestadt künden heute noch zahlreiche mittelalterliche Steinwerke und Wehrtürme, und die alten Handelswege haben sich zur quirligen Fußgängerzone gewandelt. Ihr Flair verdankt die Stadt dem Nebeneinander von moderner Architektur, wie dem Felix-Nussbaum-Haus, und schmucken Altstadtgassen im Heger-Tor-Viertel.

Mitten im Grünen

Als einzige deutsche Großstadt liegt Osnabrück mitten in einem Naturpark, dem Geopark TERRA.vita. Der Piesberg gilt als Osnabrücker »Hausberg«. Durch den Steinbruchbetrieb ist hier eine Art geologisches Bilderbuch entstanden, das von 300 Millionen Jahren Erdgeschichte erzählt: Beim »Abenteuer Piesberg« wird man selbst zum Fossiliensucher. Die Lage im Naturpark bietet die Möglichkeit zu Tageswanderungen im Teutoburger Wald oder zu Radtouren zu Schlössern und Gärten. Sehr beliebt ist auch der Rubbenbruchsee (▶ S. 71).

▶ www.naturpark-terravita.de

Hier schlägt das »Herz« der Stadt

»Herz« der Stadt ist seit jeher der Markt mit dem Rathaus des Westfälischen Friedens. Hier starten die beliebten Stadt- und Nachtwächtertouren. Der Platz vor dem Rathaus ist eingerahmt von der Marienkirche auf der einen und den gelb-orange getünchten Giebeln der alten Kaufmannshäuser auf der anderen Seite. Diese Kulisse verleiht Musikfestivals, Wein- oder Weihnachtsmärkten eine besondere Atmosphäre.

▶ **WEITERE INFORMATIONEN**
Tourist Information
Osnabrück/Osnabrücker Land,
Bierstraße 22–23, 49074 Osnabrück,
Telefon 0541.3232202,
tourist-information@osnabrueck.de,
www.osnabrueck.de/tourismus
Führungen: www.osnabrueck.de/5154.asp

STADTFÜHRUNG

Ein Gang durch die Altstadt macht die Besonderheit der Osnabrücker Reformation augenscheinlich: Protestanten und Katholiken stehen sich gleichberechtigt und selbstbewusst gegenüber – wie der bischöfliche Dom und die städtische Marienkirche.

Vitihof

Rathaus

Bucksturm

Heger Tor

Dom

Katharinenkirche

Schloss

Auf den Spuren der Reformation – und des Friedens

Ein Rundgang durch Osnabrück

VON MARTIN H. JUNG UND BRIGITTE NEUHAUS

Der Rundgang beginnt am Neumarkt ①, denn dort stand das Augustinerkloster, wo die Reformation in der damals 8000 Einwohner zählenden Bischofsstadt erstmals Fuß fasste. Hier predigte Gerhard Hecker bereits 1521 evangelisch (▶ S. 28), und 1543 hielt Hermann Bonnus hier evangelische Abendmahlsfeiern (▶ S. 30 ff.). Vom Kloster ist schon lange nichts mehr zu sehen. Der Platz, der früher Neu- und Altstadt miteinander verband, ist bis heute zentral geblieben.

Die Fußgängerzone »Große Straße« führt vom Neumarkt direkt in das alte Zentrum. Sie mündet in den Domhof. Dort stehen wir unvermittelt vor dem Dom Sankt Petrus ②. Der Domhügel, eine Sandbank am Ufer des Flusses Hase, war die Keimzelle Osnabrücks. Unter dem Dom und um ihn herum wurden bei Ausgrabungen Reste der frühmittelalterlichen Siedlung gefunden, die von Karl dem Großen nach 783 an einer Furt gegründet worden war. Diese verkehrsgünstig gelegene »Hasebrücke« (aus der sich der Stadtname Osnabrück entwickelte) diente ihm als Stützpunkt für die Missionierung der unterworfenen Sachsen. Der Dom Sankt Petrus mit seinen beiden ungleichen Türmen verbindet Elemente der Romanik mit Elementen der Gotik. Sehenswert ist auch der Kreuzgang (▶ S. 50 ff.). Neben dem Dom liegt das Diözesanmuseum mit dem Domschatz.

Immer diente der Dom dem Bischof, immer wurde in ihm katholischer Gottesdienst gehalten. 1526 aber trat hier der Domkapitular Johannes Pollius (▶ S. 48) für die Reformation ein: Er wurde entlassen. 1532 bis 1553 amtierte hier Franz von Waldeck als Bischof. Von 1542 an befürwortete er die Reformation. Auch heute gibt es Evangelisches im Dom zu entdecken: indirekte Zeugnisse der Reformation. An den 1617 verstorbenen evangelischen Dompropst Balduin Voss erinnert ein Epitaph mit biblischen Szenen. In das Gedenken der Lübecker Märtyrer – drei von den Nationalsozialisten ermordete, 2011 selig gesprochene Priester – wird auch der mit ihnen getötete evangelische Pfarrer Karl Friedrich Stellbrink eingeschlossen.

Rund um den prächtigen Domplatz befinden sich die Bischöfliche Kanzlei von 1782, das Priesterseminar von 1892 und die Gymnasialkirche von 1682. Gegenüber vom Haupteingang des Doms, auf halbem Weg zum Rathaus, steht der mittelalterliche »Löwenpudel«.

Dieses Epitaph im Dom erinnert an einen evangelischen Dompropst

◀ Seite 12–13
Die Giebelhäuser am Markt wurden im 15. und 16. Jahrhundert von reichen Kaufleuten erbaut

Die Legende vom Löwenpudel

Karl der Große soll aus Wut auf die Osnabrücker, weil diese sich wieder dem Heidentum zugewandt hatten, geschworen haben, das erste Lebewesen zu töten, das ihm bei seinem nächsten Besuch begegnen würde. Als er wieder nach Osnabrück kam, trat ihm ausgerechnet seine Schwester entgegen. Voller Schrecken dachte er an seinen Schwur, weil er nun seine Schwester töten musste. Doch da spürte er etwas an seinem Bein: Der Pudel seiner Schwester war ihm ebenfalls entgegengelaufen. Da das Tier ihm als Erstes begegnete, musste es sterben. Die Osnabrücker sollen dem armen Pudel daraufhin das Denkmal gesetzt haben. Es zeigt einen Pudel, der eine Mähne hat und somit wie ein Löwe aussieht.

▶
Das Rathaus neben der Marienkirche gehört zu den Wahrzeichen Osnabrücks. Es verkörpert wie die Marienkirche die evangelische Tradition der Stadt und ist ferner das Symbol des Westfälischen Friedens

▼
Von der Treppe des Rathauses wurde am 25. Oktober 1648 der Westfälische Friede verkündet

Auf dem Weg zum Rathaus, das wir bereits erblicken können, gelangen wir auf den Markt ③ mit seinen schönen Giebelhäusern, früher wie heute das Zentrum des städtischen Lebens. Mitten auf dem Platz stand im 16. Jahrhundert eine weitere Häuserzeile. Hier lebte 1526/27 der Reformator Adolf Clarenbach (▶ S. 28) im Haus der Witwe Warendorf und trug in der zur Marienkirche gehörenden Schule die evangelische Lehre vor.

Die Marienkirche ④ wurde als dreischiffige gotische Hallenkirche im 14. Jahrhundert von der selbstbewussten Stadt als Gegenstück zum Bischofsdom errichtet (▶ S. 46 f.). 1532/33 war sie erstmals Zentrum evangelischer Predigt und seit Februar 1543 wird hier das evangelische Abendmahl gereicht. Da es in Osnabrück keinen Bildersturm gab, blieben zahlreiche mittelalterliche Kunstwerke erhalten. Etwa 50 Grabplatten, die von dem früheren Friedhofsgelände außerhalb der Kirche stammen, zeugen von der tiefen Bibelfrömmigkeit und Jenseitshoffnung der evangelischen Osna-

brücker im 17. und 18. Jahrhundert. Der Turm der Kirche kann sonntags bestiegen werden und bietet einen grandiosen Ausblick auf die Stadt und ihr bergiges Umland.

Das spätgotische Rathaus ⑤ (1487–1512 erbaut) steht in enger Beziehung zur Reformation. Im Rat der Stadt hatte die Osnabrücker Reformation ihre feste Basis. 1532 trug hier der Reformator Dietrich Buthmann seine 44 Thesen vor – und siegte (▶ S. 28). 100 Jahre nach der Reformation wurde in diesem Rathaus europäische Geschichte geschrieben. Am 25. Oktober 1648 wurde der Friedensschluss, der den Dreißigjährigen Krieg beendete (▶ S. 34), von der Treppe des Rathauses verkündet. Die Türklinke mit der Gravur »Friede 1648« und einer Friedenstaube erinnert an das Ereignis. Der Religionsfriede hatte auch Konsequenzen für die Stadt selbst: Hier sollten fortan Evangelische und Katholiken gleichermaßen zu ihrem Recht kommen und Toleranz praktiziert werden. Katholische und evangelische Bischöfe sollten sich in der Regentschaft der Stadt stetig abwechseln. Der Fachbegriff dafür lautet: »alternative« oder »alternierende« Sukzession (Amtsfolge). Das war deutschlandweit einzigartig.

An das Ereignis erinnert auch der sogenannte Friedenssaal, der ehemalige Sitzungssaal des Rats (▶ S. 8 f.). Er beherbergt 42 zeitgenössische Porträts von den Herrschern, die an den Verhandlungen beteiligt waren, und ihren in Osnabrück anwesenden Gesandten. Das Gestühl stammt aus dem 16. Jahrhundert und nimmt Partei für die Reformation: In den Sitz des Bürgermeisters ist »VDMIE« – Verbum domini manet in eternum: Des Herrn Wort bleibt in Ewigkeit (Jes 40,8) – mit der Jahreszahl 1554 hineingeschnitzt. Auch ein Stadtmodell und alte Urkunden sowie ein Faksimile des Friedensvertrags von 1648 gibt es im Rathaus zu sehen – und den berühmten mittelalterlichen Kaiser-Pokal (▶ S. 34).

Von Westen erreicht man die Altstadt durch das Heger Tor, das aus dem Jahre 1817 stammt

▶

Der Bürgerbrunnen zeigt Szenen aus der Stadtgeschichte

Neben dem Rathaus befindet sich die ehemalige Stadtwaage, 1532 erbaut, mit ihrem beeindruckenden Renaissance-Treppengiebel und einer schönen Darstellung des Osnabrücker Rads, des Wappens der Stadt (▶ S. 10). Der Platz vor der wunderbaren Kulisse von Rathaus, Stadtwaage, Marienkirche und Giebelhäusern gilt zu Recht als der schönste Platz der ganzen Stadt.

Ebenfalls am Markt befindet sich das Erich Maria Remarque-Friedenszentrum mit einer Ausstellung, die an den aus Osnabrück gebürtigen Schriftsteller erinnert. Mit »Im Westen nichts Neues« ist Remarque der bis heute erfolgreichste Antikriegsautor (▶ S. 69). Auf dem »Platz des Westfälischen Friedens« hinter dem Friedenszentrum

steht der Bürgerbrunnen ⑥. Gestiftet von Bürgern, erzählt der von Hans Gerd Ruwe 1986 geschaffene Brunnen mit unzähligen Bildern und Figuren aus der Stadtgeschichte – allerdings nichts aus der Reformation.

Hinter dem Rathaus versteckt sich das Romantik Hotel Walhalla, ein barocker Fachwerkbau von 1690 mit gotischem Steinwerk (▶ S. 25). Ein paar Schritte weiter rechts findet sich die Tourist Information an der Ecke Markt/Bierstraße (▶ S. 11).

Wir biegen links vom Walhalla in die Marienstraße ein, über die wir vorbei an Künstlerläden das Heger Tor ⑦ erreichen. 1817 wurde dieses ehemalige Stadttor als Ehrenmal für die Osnabrücker Kämpfer bei Waterloo gestiftet. Der kurze Aufstieg auf das Tor lohnt sich wegen des schönen Ausblicks auf die Altstadt sowie auf die Bergkirche, die reformierte Kirche der Stadt (▶ S. 56).

Gegenüber dem Tor liegt Osnabrücks »Museumsinsel«. Das Kulturgeschichtliche Museum mit der Villa Schicker lädt zur Erkundung der Stadtgeschichte und zu wechselnden Ausstellungen ein. Es besitzt auch eine große Sammlung von Werken Albrecht Dürers, des bedeutendsten Künstlers der Reformationszeit. Besonders ins Auge fällt aber das von dem amerikanischen Stararchitekten Daniel Libeskind entworfene Felix-Nussbaum-Haus (▶ S. 21). Es zeigt die weltweit größte Sammlung von Werken des in Osnabrück geborenen Malers, dessen Leben 1944 in Auschwitz endete.

Wenn wir das Heger Tor in nördlicher Richtung über den Treppenabgang verlassen, gelangen wir zum Bucksturm ⑧. Der älteste Turm (um 1200) der einstigen Stadtmauer wurde als Gefängnis und Folterkammer genutzt. Heute beherbergt er eine Ausstellung über Hexenverfolgungen, die es leider auch in Osnabrück gab (▶ S. 35).

Zu den malerischen
Winkeln der Altstadt
gehört der Vitihof

▶
Eine Attraktion für
Kunstliebhaber ist
das Felix-Nussbaum-
Haus

Weiter in nördlicher Richtung empfiehlt sich am Rißmüllerplatz ein Abstecher nach rechts in die Bierstraße 7. Im Hinterhof ist ein »Steinwerk« ⑨ zu sehen. So heißen die ersten aus Stein – nicht aus Holz, Stroh und Lehm – gebauten Privatgebäude aus dem 13. Jahrhundert, die als Lager- und Wohnhäuser genutzt wurden. In diesem ältesten Steinwerk Osnabrücks ist die städtische Denkmalpflege untergebracht. Zu Bürozeiten ist es möglich, das Gebäude bis in das Dachgewölbe hinein zu besichtigen.

Auf die Bierstraße zurückgekehrt, stehen wir direkt gegenüber der Dominikanerkirche ⑩. Die gotische Hallenkirche aus dem 13. Jahrhundert beherbergt eine der schönsten Ausstellungshallen Deutschlands; präsentiert werden wechselnde Ausstellungen zeitgenössischer Kunst. Die Dominikaner widersetzten sich der Reformation. Das Kloster wurde im frühen 19. Jahrhundert aufgelöst.

Weiter geradeaus auf dem mittleren Grünstreifen des ehemaligen Stadtwalles steht links der sogenannte »Bürgergehorsam«. Wie der Name andeutet, diente der frühneuzeitliche Turm der Stadtbefestigung aus dem 16. Jahrhundert als Gefängnis.

Wir folgen dem Weg bis über die Ampelkreuzung und erreichen den Treppenaufgang der Vitischanze ⑪. Die mächtige dreigeschossige Befestigungsanlage mit Barenturm und Hoher Brücke wurde während der schwedischen Besatzungszeit 1633–1636 errichtet.

Von der Hohen Brücke fällt der Blick auf das Kloster der »Benediktinerinnen von der ewigen Anbetung« ⑫, eines der wenigen noch intakten Osnabrücker Klöster.

Hinter der Hohen Brücke biegen wir zweimal rechts über die Angersbrücke in die Hasestraße ab. Rechterhand ist ein Abstecher auf den Vitihof ⑬ angesagt. Der kleine Platz mit Fachwerkbauten, teilweise aus dem 16. Jahrhundert, gibt den Blick frei auf den reizenden Waschfrauen-Brunnen (1983) von Hans Gerd Ruwe.

Über die Mühlenstraße gelangen wir links der Hasestraße zur Pernickelmühle ⑭. Die ehemalige bischöfliche Wassermühle fand ihre erste Erwähnung 1240. Der mit ihr verbundene Pernickelturm gehörte zur mittelalterlichen Stadtbefestigung aus dem 13. Jahrhundert.

Ledenhof mit
Katharinenkirche

Wir überqueren erneut die Hase, wenden uns nach rechts und betreten den Herrenteichswall ⑮. Der Wall aus dem 16. Jahrhundert diente am Fluss entlang zur Stadtbefestigung. Er wurde im 19. Jahrhundert teilweise abgetragen und mit über 100 Winterlinden bepflanzt. Von dieser Flaniermeile öffnet sich der Blick auf das gegenüberliegende Ufer und zum Dom, ferner auf den großen Komplex des Karlsgymnasiums (Carolinum) ⑯, kurz »Caro« genannt (▶ S. 36 f.).

Eine weitere Hasebrücke bringt uns auf den Conrad-Bäumer-Weg, und von dort biegen wir rechts in den Hexengang ⑰. Vormals hieß dieser enge dunkle Weg »Klapperhagen«, denn Seuchenkranke beteten hier während der Gottesdienste im Dom und warnten mit Holzklappern davor, sich ihnen zu nähern. Am Ausgang öffnet sich rechts der Blick auf die alten Schulgebäude des »Caro« mit der vor 330 Jahren errichteten Gymnasialkirche.

Wir sind nun wieder am schon bekannten Gründungsort Osnabrücks auf dem Domhügel. Ein weiterer Spaziergang in die südliche Neustadt schließt sich an. Er beginnt gleich links neben dem Rathaus in der Krahnstraße. Zu Beginn erblicken wir auf der rechten Straßenseite das Café Läer. In dem Gebäude von 1533 mit gotischen Ornamenten im Fachwerkgiebel soll bei den Friedensverhandlungen vor 1648 der päpstliche Gesandte gewohnt haben.

Nur wenige Schritte weiter stehen wir auf der gleichen Straßenseite vor dem Haus Willmann. Der prächtige Fachwerkgiebel mit biblischen Moti-

ven im Stil der Renaissance wurde 1586 erbaut. Gleich gegenüber zeigt ein Fachwerkgiebel von 1916 unter anderem Jugendstildarstellungen der vier Elemente.

Wir folgen der Krahnstraße über die erste Kreuzung und wenden uns auf der Höhe von Café Leysieffer rechts in die Hakenstraße. Wir durchschreiten die Passage des Nikolaizentrums und erreichen nur wenige Schritte weiter die Katharinenkirche ⑱, die zweite Kirche der Stadt, die seit der Reformation evangelisch ist (▶ S. 48 f.). Die gotische Hallenkirche wurde zwischen 1200 und 1500 vom Adel erbaut. Ihr Turm mit einer Höhe von 103,5 m gilt als das höchste mittelalterliche Bauwerk Niedersachsens. Leider darf er nicht bestiegen werden. Sehenswert sind im Innern der Kirche die 1642/43 entstandenen Osnabrücker Reformatorenbilder, darunter das von Johannes Pollius, dem ersten evangelischen Gemeindepfarrer Osnabrücks, der sein Amt an dieser Kirche 1543 antrat (▶ S. 33).

Von der Katharinenkirche wenden wir uns links in die Straße »An der Katharinenkirche« und gleich darauf rechts zum Ledenhof ⑲. Das bedeutendste bürgerliche Bauwerk der Stadt, bestehend aus Palas (Hauptgebäude), der ältesten Spindeltreppe Norddeutschlands (beides aus dem 16. Jahrhundert) und dem wesentlich älteren Steinwerk aus dem 13. Jahrhundert, beherbergt heute die Deutsche Stiftung Friedensforschung. Über die Ampelkreuzung Neuer Graben erreichen wir gegenüber vom Ledenhof das Schloss.

Das ehemals evangelisch-fürstbischöfliche Schloss ⑳ – eines der frühesten Barockschlösser Deutschlands – wurde von Ernst August I., dem ersten offiziellen evangelischen Regenten der Stadt, und seiner Gemahlin Sophie von 1669 an erbaut und gehört somit zu den Spätfolgen der speziellen Osnabrücker Reformation (▶ S. 40 f.). Nach der Zerstörung im Zweiten Weltkrieg erfolgte der Wiederaufbau mit historischer Fassade. Hier hat die Universität Osnabrück ihren Sitz. Sie gehört zu den wenigen Universitäten Deutschlands, in der neben evangelischer und katholischer auch islamische Theologie gelehrt wird. An eine dunkle Epoche ihrer Geschichte erinnert der Gestapo-Keller (mit Ausstellung) im westlichen Seitenflügel.

Sehenswert ist der stilvoll gestaltete Schlossgarten mit seinen Wasserspielen und Statuen. Hier steht auch das Lyra-Denkmal ㉑ für den aus Osnabrück gebürtigen evangelischen Pfarrer und Liederdichter (z. B. »Der Mai ist gekommen«) Justus Wilhelm Lyra. Er trat im 19. Jahrhundert als Burschenschaftler unter Berufung auf Luther und die Reformation für Freiheit und ein geeintes Deutschland ein. Beliebte Tradition zur Begrüßung des Frühlings ist das Lyra-Singen der Osnabrücker Chöre auf dem Markt am Abend des 30. April.

Auf der anderen Seite des Gartens, dem Denkmal gegenüber, sehen wir das heutige, im Kontext der Reformation gegründete Ratsgymnasium ㉒, es war früher die evangelische Konkurrenzschule zum ehemals katholischen Carolinum (▶ S. 36 f.).

Über die Schlossstraße und einen kleinen Fußweg erreichen wir zuletzt Sankt Johann ㉓, die zweite große und alte katholische Kirche der Stadt (▶ S. 53). Hier lebte 1532 ein Vikar, Bernhard Lintlage, der als Einziger den Mut hatte, im Rathaus gegen den Reformator Dietrich Buthmann anzutreten. Gegenüber von St. Johann befindet sich die Drei-Religionen-Grundschule, ein Projekt der Schulstiftung im Bistum zur Förderung der religiösen Toleranz, in der christliche, jüdische und muslimische Kinder miteinander und voneinander lernen. Von hier gelangen wir in wenigen Minuten zurück zum Neumarkt, dem Ausgangspunkt unserer Stadtwanderung. ●

Das »Steinwerk« in der Bierstraße wurde im 13. Jahrhundert errichtet

▼

Logo der Drei-Religionen-Grundschule

▶ **PROF. DR. MARTIN H. JUNG**
lehrt Historische Theologie am Institut für Evangelische Theologie der Universität Osnabrück.

BRIGITTE NEUHAUS
war Marketing Manager bei der »Osnabrück – Marketing und Tourismus GmbH« und arbeitet jetzt auf der Projektstelle des Kirchenkreises Osnabrück »Reformationsjubiläum 2017«.

In Osnabrück genießen – Deftiges, Feines und Süßes

VON MARTIN H. JUNG

Leysieffer GmbH & Co. KG

Überregional, sogar in ganz Deutschland bekannt sind Schokoladen und Pralinen von Leysieffer. Kaum jemand weiß jedoch, dass diese süßen Leckereien höchster Qualität aus Osnabrück kommen. Das Stammhaus Leysieffer, mit seinem Café, liegt im Zentrum der Stadt am Stadtrundgang. Das Traditionsunternehmen verwöhnt alle Feinschmecker, die einen hohen Anspruch an die Qualität und Zutaten süßer Köstlichkeiten stellen, und überrascht immer wieder mit der Erfindung neuer Geschmackskompositionen.

▸ **Leysieffer GmbH & Co. KG**
Benzstraße 9, 49076 Osnabrück,
Telefon 0541.91420, www.leysieffer.de

Bedford Wurst- und Schinkenmanufaktur

Ein weiteres originelles Osnabrücker Produkt ist der »Friedensschinken« der Firma Bedford. Die Schweinezucht boomt im Osnabrücker Land – der Reisende kann es nicht sehen, aber mitunter riechen – und die Firma Bedford stellt deutschlandweit vermarktete hochwertige Wurstspezialitäten her. Aber was hat Schinken mit Frieden zu tun? Seit zehn Jahren geht beim Verkauf dieser luftgetrockneten Schinkenspezialität pro Stück ein Euro an das Kinderhilfswerk »terre des hommes«, das ebenfalls in Osnabrück ansässig ist.

»Friedenswein« gibt es in Osnabrück auch zu kaufen, aber der stammt natürlich nicht aus Osnabrück.

▸ **Bedford Wurst- und Schinkenmanufaktur**
Traiteur-Platz 1, 49090 Osnabrück,
Telefon 0541.12180, www.bedford.de

Springbrötchen

Wer beim Bäcker, z.B. Café Konditorei Läer, etwas Originelles sucht, muss zu Springbrötchen greifen, einer regionalen Backspezialität, die es woanders nur selten gibt. Seinen Namen verdankt das Brötchen der aufgesprungenen Oberfläche, die durch mehrmaliges Aufstreichen von Fett entsteht.

Romantik Hotel Walhalla

Osnabrück hat ein reichhaltiges gastronomisches Angebot, insbesondere in der Innenstadt.

Der Stadtrundgang führte uns schon am Romantik Hotel Walhalla vorbei (▶ S. 18), wo sich in historischem oder modernem Ambiente köstlich speisen lässt. Das Lokal, das im Jahre 2015 sein 325-jähriges Jubiläum als ältestes bestehendes Gasthaus Osnabrücks feiert, bietet auch Speisen aus der westfälischen Küche, z. B. in der Winterzeit den berühmten Grünkohl. Küchenmeister Hans-Hermann Schlömer erläutert:

»Der Grünkohl gehört zu den Klassikern der Wintergerichte im Romantik Hotel. Wichtig ist, dass er eine Frostnacht im Freien hatte und erst danach geerntet wird, da sich dann die enthaltenen Bitterstoffe in eine angenehme Süße umwandeln. Ein guter Fond von Rauchknochen und gutes Fett, wie Gänse- oder Griebenschmalz, gehören dazu. Abschmecken mit einer Prise Zucker, Salz, Pfeffer und Worcestersauce. Den Kochvorgang sollte man über zwei Tage gestalten, erst dann entfaltet sich das Aroma des Grünkohls. Wir binden den Grünkohl noch mit Haferflocken, nach und nach bei geringer Hitze.«

▶ **Romantik Hotel Walhalla**
Bierstraße 24, 49074 Osnabrück, Telefon 0541.34910,
www.hotel-walhalla.de

StadtgalerieCafé und La Vie

Für Kaffee und Kuchen empfiehlt sich das nahe beim Heger Tor gelegene StadtgalerieCafé, ein Gemeinschaftsprojekt der Stadt und der Heilpädagogischen Hilfe. Menschen mit Beeinträchtigungen arbeiten hier, und lokale Künstler stellen ihre Bilder aus. Abends gibt es Lesungen und andere Veranstaltungen.

Überregional, in ganz Norddeutschland bekannt ist das Sterne-Restaurant La Vie, ebenfalls im Stadtzentrum nahe dem Rathaus gelegen. Hier kocht seit 2006 Thomas Bühner in einem unter Denkmalschutz stehenden klassizistischen Gebäude aus dem 18. Jahrhundert. Wer aus seiner »dreidimensionalen Aromenküche« kosten möchte, die besonderen Wert darauf legt, den Eigengeschmack eines jeden Produkts hervorzuheben, sollte sich rechtzeitig anmelden. Er wird keine Ansammlung unterschiedlicher Gänge erleben, sondern eine »Symphonie«.

▶ **StadtgalerieCafé**
Große Gildewart 14, 49074 Osnabrück, Telefon 0541.58054020,
www.os-hho.de/angebote/stadtgaleriecafe.html

▶ **La Vie**
Krahnstraße 1, 49074 Osnabrück, Telefon 0541.331150,
www.restaurant-lavie.de

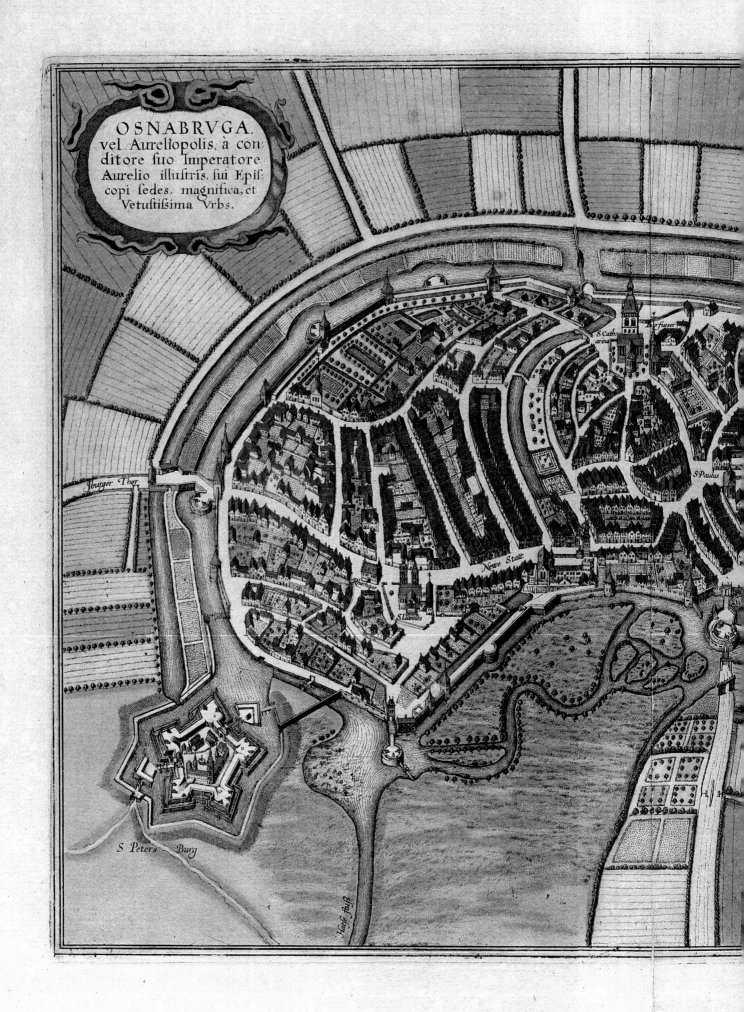

OSNABRVGA,
vel Aureliopolis, à con-
ditore suo Imperatore
Aurelio illustris, sui Epis-
copi sedes, magnifica, et
Vetustissima Vrbs.

Jnurger Thor

S Cath-
arina

Jurfueser

S Paulus

Newe Statt

Rhathaus

S Ioannes

S. Peters — Burg

Hase fluß

REFORMATION IN WORT UND BILD

Sehr früh, schon 1521, fasste die Reformation in Osnabrück Fuß und nahm 1543 als bischöfliche Reformation eine besondere Gestalt an. Es ergaben sich bikonfessionelle Strukturen: Protestanten und Katholiken lebten miteinander in der alten Bischofsstadt.

Diese gegenreformatorisch geprägte Stadtansicht von 1633 zeigt Osnabrück mit der Festung Petersburg im Vordergrund links und der Akademie in der Mitte der Stadt, südlich vom heutigen Neumarkt. Die Ansicht stammt möglicherweise von Wenzel Hollar

Dramatischer Auftakt

*Ein Augustiner lehrt evangelisch, ein Schulmeister stirbt
für seinen Glauben, ein Prediger legt Thesen vor*

VON FRIEDERIKE MÜHLBAUER

V ergleichsweise früh kam es in Osnabrück zu einem Erwachen der reformatorischen Bewegung. Den Auftakt machte der Augustiner-Eremit Gerhard Hecker, ein Ordensbruder Luthers. 1521 verkündete er im Augustinerkloster als Erster die »reinere Lehre«. Allerdings waren im kirchlichen Leben vorerst noch keine Veränderungen sichtbar. Inwieweit er in der Bevölkerung auf Sympathien stieß, ist nicht bekannt. Erhalten geblieben ist ein Brief, den Luther 1529 an Hecker geschrieben hat, in dem er dessen »lautere und standhafte evangelische Gesinnung« lobte. Weitere Luther-Briefe an ihn wurden nach Heckers Tod von seinen Ordensbrüdern angeblich in der Hase entsorgt.

Neue Impulse erhielt die lutherische Bewegung durch den Schulmeister Adolf Clarenbach, der 1526 nach Osnabrück kam, nachdem er zuvor in Münster und am Niederrhein vergeblich versucht hatte, die reformatorische Lehre zu verbreiten. Vom Osnabrücker Klerus nach kurzer Zeit wieder vertrieben, wurde er 1528 in Köln der Ketzerei angeklagt, inhaftiert, gefoltert und ein Jahr später hingerichtet. In seinem Geburtsort Lüttringhausen bei Remscheid erinnert ein Gedenkstein an den Märtyrer. Mit seiner Predigttätigkeit in Osnabrück hatte Clarenbach eine Stärkung der Reformation erreicht.

Einen Aufschwung nahm die evangelische Predigt in Osnabrück durch den aus Geldern geflüchteten Prädikanten Dietrich Buthmann. Im Jahre 1532 startete er in 44 Thesen einen Angriff auf das Domkapitel und gewann mit seinen Forderungen, unter anderem nach Abendmahlsfeiern mit Wein auch für die Gemeinde, einen großen Teil der Bevölkerung für die Reformation. Auf Drängen des Volkes wurde er Prediger an St. Marien. Es folgte der Einsatz weiterer evangelisch gesinnter Prediger an allen Kirchen Osnabrücks mit Ausnahme des Doms.

1533 erteilte der Rat der Stadt den Evangelischen Predigtverbot. Buthmann floh. So blieben die frühen Versuche, die Reformation in Osnabrück zu etablieren, ohne Erfolg. Die Grundlagen waren jedoch gelegt. ●

▶ **DR. FRIEDERIKE MÜHLBAUER**
ist Lehrkraft an den Diakonie Pflegeschulen Osnabrück und Lehrbeauftragte am Institut für Evangelische Theologie.

▶ Die einzige Abbildung des Augustinerklosters, das der Ausgangspunkt der Osnabrücker Reformation war, findet sich in der Stadtansicht aus dem Jahre 1633 (▶ S. 26)

▼ Bei Ausgrabungen am Neumarkt wurde ein Tonrelief gefunden, das wahrscheinlich aus dem Augustinerkloster stammt. Es zeigt Gottvater im Schmerz über das Opfer seines Sohnes

Fabian Vogt
Bibel für Neugierige
Das kleine Handbuch göttlicher Geschichten
224 Seiten | 13,5 x 19 cm | Paperback
€ 12,90 [D]
ISBN 978-3-374-03872-5

Warum musste Gott am Anfang erst mal das »Tohuwabohu« aufräumen? Gilt Noah eigentlich als Archetyp? Wollte Jona Walfreiheit? War Jesus Christ? Wieso macht der gute »Vater im Himmel« gleich zwei Testamente? Hätte nicht ein Evangelium gereicht? Und: Wie kann ein 2000 Jahre altes Buch heute noch aktuell sein?

Fabian Vogt gibt Antworten: Fundiert, übersichtlich und dabei höchst unterhaltsam lässt er die großen Erzählungen der Bibel neu lebendig werden, erläutert die Zusammenhänge und zeigt, welche lebensstiftende Kraft in ihnen steckt. Das Buch ist ein Lesevergnügen für Heiden wie für Fromme aller Couleur.

4. Auflage!

Fabian Vogt
**Luther
für Neugierige**
Das kleine Handbuch des evangelischen Glaubens
192 Seiten | 13,5 x 19 cm | 8 Abb.
Paperback
€ 9,95 [D]
ISBN 978-3-374-02844-3

Fabian Vogt
**Kirchengeschichte(n)
für Neugierige**
Das kleine Handbuch großer Ereignisse
168 Seiten | 13,5 x 19,0 cm
Paperback
€ 9,95 [D]
ISBN 978-3-374-03154-2

Wie war das noch mal mit Luther und der Reformation? Was glauben evangelische Christen – und was nicht? Ist Katechismus etwas Ansteckendes? Sind Protestanten eine exotische Spezies? Und: Dürfen evangelische Männer katholische Frauen küssen?

Warum erlebte der christliche Glaube so einen kometenhaften Aufstieg? Wann entstand das Glaubensbekenntnis? Kann man Hugenotten essen? Und: Was hat das alles mit mir zu tun?

EVANGELISCHE VERLAGSANSTALT
Leipzig
www.eva-leipzig.de · Bestell-Telefon 0341 7114116 · vertrieb@eva-leipzig.de

 www.facebook.com/leipzig.eva

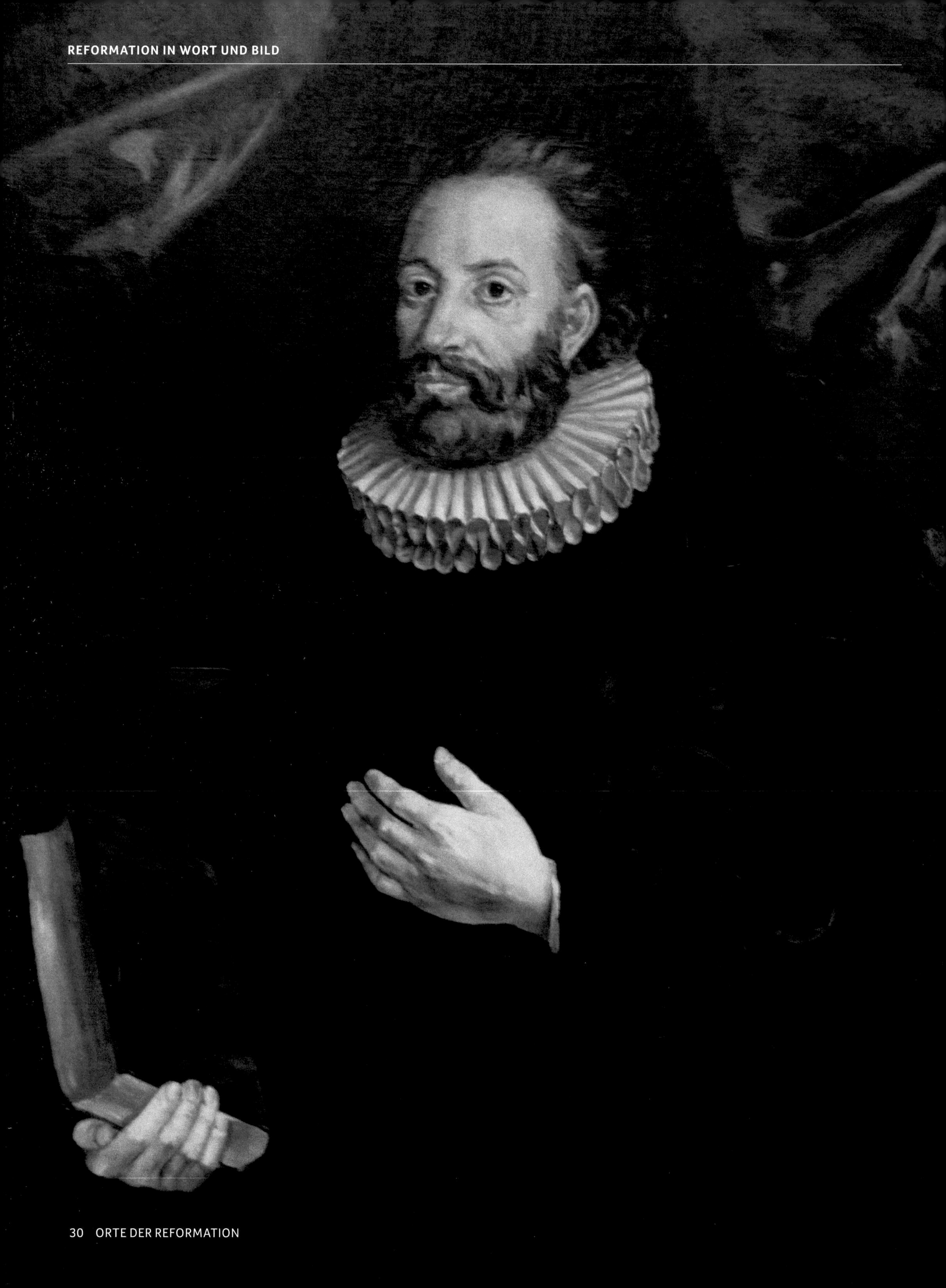

Franz von Waldeck und Hermann Bonnus

Ein Bischof will die Reformation und ruft einen vorsichtigen Reformator

—

VON SIEGRID WESTPHAL

Bischof Franz von Waldeck (1491–1553) in einer Darstellung des 17. Jahrhunderts aus dem Rittersaal der Iburg

◄

Porträt von Hermann Bonnus (1504–1548), dem Reformator Osnabrücks, aus der Sylvesterkirche in seinem Geburtsort Quakenbrück

Nach dem dramatischen Auftakt in den 1520er und 1530er Jahren kam es erst 1543 zur offiziellen Einführung der Reformation in Osnabrück. Die treibende Kraft war der 1530 zum Mindener Bischof und 1532 zum Fürstbischof von Osnabrück und Münster gewählte Franz von Waldeck (1491–1553), der sich eng mit dem Bürgermeister (Martin van Horsten) und dem Rat der Stadt Osnabrück abstimmte.

Hintergrund dafür war eine Reihe von reichspolitischen Entwicklungen. So hatten sich Kaiser Karl V. und sein Bruder Ferdinand angesichts der außenpolitischen Bedrohungen (Türkenkriege, Frankreich) darum bemüht, durch Religionsgespräche eine Verständigung zwischen den protestantischen und katholischen Reichsständen im Heiligen Römischen Reich deutscher Nation zu erzielen. Auf dem Regensburger Reichstag von 1541 war beschlossen worden, dass die Religionsgespräche auf einem allgemeinen Konzil fortgesetzt werden und die geistlichen Prälaten bis dahin eine christliche Ordnung und Reform in ihrem Zuständigkeitsbereich durchführen sollten. Allerdings blieb offen, was darunter zu verstehen sei.

Franz von Waldeck war zudem eng mit Landgraf Philipp von Hessen verwandt, einem der wichtigsten Protagonisten der Reformation im Reich. Dieser war neben dem Kurfürsten Johann Friedrich von Sachsen einer der Bundeshauptleute des 1530/31 gegründeten Schmalkaldischen Bundes, eines Zu-sammenschlusses von protestantischen Reichsständen mit dem Ziel, die neue Lehre gegen Angriffe von katholischer Seite zu verteidigen. Angesichts des gro-ßen Interesses von Kaiser Karl V. am Nordwesten des Reiches, der an die habs-burgischen Niederlande grenzte, benö-tigte Franz von Waldeck die Anbindung an den Landgrafen und den Schmalkal-dischen Bund, um seinen Herrschafts-bereich behaupten zu können.

Letzten Endes ist aber nicht ganz gesichert, warum sich Franz von Wal-deck für die Unterstützung der Reforma-tion entschied. Er neigte den Lehren Luthers per-sönlich wohl zu, scheint aber doch eher eine religiös indifferente Haltung besessen zu haben. Ange-sichts der Ereignisse in der Stadt Münster, das sich unter Einfluss der Täufer ab 1533 immer stärker radikalisierte, nahm er sogar die militärische Hilfe von Kaiser und Reich zur Niederschlagung des »Täuferreiches« in Anspruch. Für die Einführung der Reformation dürften deshalb andere Gründe ausschlaggebend gewesen sein. Er beabsichtigte offenbar, alle von ihm regierten Stifte (der weltliche Herrschaftsbereich seiner drei Bistümer) oder einen Teil von ihnen zu säkularisieren, um einerseits seine Schulden abtragen zu können. Andererseits wollte er seine langjährige Lebensgefährtin Anna Poelmann, Tochter eines Leinewebers zu Einbeck,

Sylvesterkirche in Quakenbrück

heiraten und ihren gemeinsamen Kindern damit das Sukzessionsrecht in einem neu geschaffenen weltlichen Territorium einräumen.

Da sich 1541 im Fürstbistum Münster die Stände (Adel, Städte und Klerus) und darunter vor allem das Domkapitel vehement gegen die Einführung der Reformation sträubten, richtete Franz von Waldeck seine Bemühungen auf das Fürstbistum Osnabrück, in dem vor allem die Einwohner der Stadt Osnabrück schon weitgehend mit der Reformation sympathisierten. Zunächst überließ der Bischof der Stadt 1542 drei Klöster, deren Mönche sich überwiegend der Reformation angeschlossen und die Klöster deshalb verlassen hatten. Die Einnahmen sollten für die Errichtung einer Schule, die Einstellung und Besoldung von evangelischen Predigern sowie das Armenwesen verwendet werden. Für die vollständige Neuordnung des Kirchenwesens im reformatorischen Sinne war jedoch die Erarbeitung einer Kirchenordnung notwendig. Ohne Einschaltung der Landstände verständigten sich der Bischof und die Stadt – gedrängt von den eigenen Bürgern – darauf,

zunächst in der Stadt Osnabrück die Reformation einzuführen und dafür eine geeignete Persönlichkeit zu suchen.

Nachdem verschiedene Versuche des Bischofs, einen Reformator zu finden, fehlgeschlagen waren, gewannen Bürgermeister und Rat der Stadt Osnabrück im Dezember 1542 im Einvernehmen mit dem Osnabrücker Bischof den Lübecker Superintendenten Hermann Bonnus (1504–1548) als Reformator für Stadt und Fürstbistum Osnabrück. Sicherlich spielten dabei die traditionell guten Beziehungen zwischen Lübeck und Osnabrück durch die Hanse eine Rolle. Vor allem sprachen aber zwei Gründe für ihn: Zum einen war er ein Landeskind. Er wurde 1504 in Quakenbrück geboren und entstammte einer wohlhabenden und einflussreichen Bürgerfamilie. Er hatte eine humanistische Ausbildung genossen, in Wittenberg studiert und war – nach verschiedenen beruflichen Stationen – durch Vermittlung des Lübecker Reformators Johannes Bugenhagen 1531 zunächst Rektor der ersten Lübecker Gelehrtenschule und schließlich 1532 Superintendent von Lübeck geworden. Zum anderen stand er eher für eine konservative Richtung der Reformation, so dass ein »Täuferreich von Osnabrück« nicht zu befürchten war. Er galt als erfahrener Reformator der zweiten Generation, der sich auch schon in Krisensituationen bewährt hatte. Die führenden Reformatoren der Zeit, Luther und Melanchthon, befürworteten ausdrücklich sein reformatorisches Wirken in Osnabrück, hofften sie doch, dass ganz Norddeutschland protestantisch würde.

Am 25. Januar 1543 kam Bonnus mit seiner Familie nach Osnabrück. Kurz darauf predigte er in der Marienkirche und der Katharinenkirche und hielt Vorlesungen in verschiedenen Klöstern der Stadt. Parallel dazu verfasste er im März/April eine lutherische Kirchenordnung für die Stadt Osnabrück, die sich an den gemäßigten Kirchenordnungen Bugenhagens für Hamburg und Lübeck orientierte. Bonnus

Von Quakenbrück nach Osnabrück über Lübeck: Bonnus erneuerte im Norden Deutschlands die Kirche.

passte diese den Osnabrücker Verhältnissen an und regelte in erster Linie das geistliche Amt, das Schulwesen und die Armenfürsorge.

Bonnus hatte großen Zulauf aus der Bevölkerung, über Widerstände ist nichts bekannt. Lediglich das Domkapitel sowie Teile des Adels blieben ablehnend. Am 25. März 1543 kam es im Bischofssitz auf der Iburg vor dem Fürstbischof zu einem Predigtwettstreit zwischen Bonnus und dem Münsteraner Domprediger Johann von Achelen, der zugunsten von Bonnus ausging. Wohl kurz darauf wurde Bonnus mit der Durchführung der Reformation auch im Stiftsgebiet betraut. Nachdem der Bischof am 11. Mai die Kirchenordnung für die Stadt bestätigt hatte, dürfte Bonnus die Landeskirchenordnung verfasst haben. Die Reformation des Stiftsgebiets startete wohl nicht zufällig in der Geburtsstadt des Reformators in Quakenbrück am 20. Mai 1543 mit einer Predigt und der Austeilung des Abendmahls in der Sylvesterkirche. Anschließend reiste Bonnus, unterstützt durch Befehls- und Begleitschreiben des Bischofs, durch das Stiftsgebiet und versuchte, hier ebenfalls die Reformation durchzusetzen, traf aber an einigen Orten auf den Widerstand der Stiftskapitel.

Weder Luther noch Melanchthon waren in Osnabrück, aber beide schrieben 1543 Briefe an Bonnus, als er in Osnabrück tätig war. Am 5. August forderte Luther ihn dringend auf, den Osnabrücker Bischof in seinem Reformationsanliegen nicht im Stich zu lassen. In den Osnabrücker Umbrüchen sah Luther Gott selbst am Werk. Bereits am 13. April und am 7. Mai hatte Melanchthon an Bonnus geschrieben, war voller Freude darüber, dass sein Schüler mit dieser Aufgabe betraut worden war, und flehte Gott um seinen Beistand an.

Wenn Bonnus an einem Ort des Stiftsgebiets eintraf, rief er die Geistlichen zusammen, um ihnen die Kirchenordnung zu erläutern und gleichzeitig ihre Eignung als protestantische Pfarrer zu überprüfen. Dies war Voraussetzung für ihre Ordination, die er selbst durchführte. Im Juli 1543 war Bonnus wieder in Osnabrück und ernannte den ehemaligen Osnabrücker Domkaplan und Reformator der Grafschaft Tecklenburg Johannes Pollius (um 1490–1562) zum Pfarrer von St. Katharinen. Gleichzeitig übertrug er ihm das neu geschaffene Amt des Superintendenten, der nun an die Spitze der kirchlichen Verwaltung der Stadt trat und die Lehraufsicht auszuüben hatte. Kurz darauf kehrte Bonnus nach Lübeck zurück.

Die Gründung eines Konsistoriums unterblieb in Osnabrück ebenso wie kirchenorganisatorische Regelungen für das Stiftsgebiet. Bonnus beschränkte sich auf die nötigsten praktischen Anweisungen, ohne sie theologisch zu begründen. Zentral war für ihn die Verkündigung von Gottes Wort in der Predigt. Deshalb stand die Reform des Klerus und seiner verschiedenen Aufgaben im Mittelpunkt. Dann folgten die Unterweisung der Gemeinden im Katechismus sowie das Schulwesen. Nicht zuletzt deshalb gründete der Rat der Stadt eine eigene Lateinschule, die in Konkurrenz zur bisher dominierenden Domschule trat (▶ S. 36 f.). Die Liturgie von Bonnus war konservativ ausgerichtet. Zentral war für ihn die Erneuerung der Frömmigkeit, die durch die evangelische Predigt ausreichend gesichert schien. ●

Johannes Pollius (um 1490–1562), Pastor an St. Katharinen, der erste evangelische Gemeindepfarrer Osnabrücks

---

▶ **PROF. DR. SIEGRID WESTPHAL**
lehrt Geschichte der Frühen Neuzeit an der Universität Osnabrück und ist Stellvertretende Direktorin des Interdisziplinären Instituts für Kulturgeschichte der Frühen Neuzeit (IKFN).

Von der Kirchenreformation 1543 zum Religionsfrieden 1648

Ein wechselvolles Jahrhundert

—

VON KARSTEN IGEL

Pokal aus dem Osnabrücker Ratssilber mit einer Darstellung Karls des Großen

Der Osnabrücker Rat führte die Reformation zwar in Abstimmung mit Bischof Franz von Waldeck, aber doch aus eigener Macht ein. Die beanspruchte Eigenständigkeit ließ der Rat 1544 auch bildlich in den später als »Kaiser« bezeichneten Großen Pokal des Ratssilbers einarbeiten: Es wurde eine Figur des Stadtgründers Karls des Großen auf seinen Deckel aufgesetzt und am Schaft ein Reichsadler angebracht. Der Rat stellte sich so unter die unmittelbare Hoheit des Reiches, die sich aus den mittelalterlichen Privilegien ableiten ließ. Schon 1521 hatte die Stadt eigenständig den Wormser Reichstag beschickt, ohne allerdings Reichsstadt zu sein.

Auch im Streit mit dem katholisch gebliebenen Domkapitel erkannte der Rat die kaiserliche Hoheit an. So wurde in Osnabrück mit der Ausrufung des kaiserlichen Interims 1548 die Reformation vom Rat ebenfalls zurückgenommen. Tatsächlich ließ sich das Rad aber nicht mehr zurückdrehen, da der größte Teil der Bürgerschaft der neuen Lehre anhing. Die Reformation wurde faktisch von der Gemeinde ertrotzt. Dank des bürgerlichen Willens konnte der Rat in den folgenden Jahren seine Kirchenhoheit wieder durchsetzen. Zugleich gab es aber nun eine katholische Minderheit in der Stadt. St. Marien und St. Katharinen wurden zu evangelischen Pfarrkirchen, der Dom und St. Johann blieben katholisch. Ebenso überdauerten einige Klöster, wie die Benediktinerinnen auf dem Gertrudenberg und die Dominikaner. Der Domfriedhof wurde von beiden Konfessionen gemeinsam genutzt.

Freilich war das scheinbar gute Zusammenleben der Konfessionen nur die eine Seite der Medaille. Das konfessionelle Zeitalter hatte gerade auch in Osnabrück seine dunklen Seiten. Unter dem Bürgermeister Rudolf Hammacher fielen die höchs-

ten weltlichen und geistlichen Ämter in einer Person zusammen – durch Osnabrück wehte ein Hauch von Theokratie. Als Verfechter der reinen lutherischen Lehre bekämpfte er nicht nur calvinistische Strömungen; den von ihm betriebenen Hexenverfolgungen fielen allein 1583 in wenigen Monaten 121 Frauen zum Opfer.

Unter den Bischöfen Eitel Friedrich von Hohenzollern und Franz Wilhelm von Wartenberg zog die Gegenreformation in Osnabrück ein. Zunächst kamen 1625 die Jesuiten nach Osnabrück. Als Franz Wilhelm dann 1629 die Stadt mit kaiserlichen Truppen besetzen konnte, wurden die Freiheiten der Stadt beschnitten und der bisherige Rat wurde durch einen katholischen ersetzt. Zugleich begann der Bischof mit dem Bau einer Zwingburg, um die Stadt zu kontrollieren und seine Residenz aufzunehmen. Mit der Gründung der Karls-Universität zielte er 1629 auf die Rekatholisierung Norddeutschlands.

Der Weg zur barocken Residenz- und Universitätsstadt nahm 1633 mit der schwedischen Eroberung Osnabrücks jedoch ein jähes Ende. Die Jesuiten und die zurückgekehrten Franziskaner mussten aus Osnabrück weichen, die Universität war nach drei Jahren schon wieder Geschichte und die bischöfliche Petersburg wurde 1647 von den Bürgern geschleift.

Die Lasten des Krieges trafen die Stadt hart, Osnabrück verlor vielleicht ein Drittel oder mehr der Bevölkerung und ächzte unter der schweren Verschuldung. Noch ein letztes Mal brach von 1636 bis 1639 eine Welle der Hexenverfolgung unter dem Bürgermeister Wilhelm Peltzer los. Verschärfend wirkten Konflikte innerhalb der führenden Familien und die zwischen schwedischem Landesherrn und Rat strittige Rechtshoheit.

Mit Beginn der Friedensverhandlungen wurde Osnabrück 1643 zum neutralen Ort erklärt. Der Versuch, doch noch Reichsstadt zu werden, wurde aber als aussichtslos aufgegeben. Vielmehr wurden im Friedensvertrag von 1648 die alten Freiheiten gesichert und dank des Wechsels zwischen katholischen und lutherischen Bischöfen konnte Osnabrück bis zum Anbruch des 19. Jahrhunderts eine weitgehende Selbständigkeit behaupten. Nur den katholischen Bürgern blieb bis 1837 der Weg in den Rat verwehrt. •

Das frühere Kloster der Dominikaner, am Rande der Altstadt gelegen, beherbergt heute ein Kunstmuseum

▶ **DR. KARSTEN IGEL**
ist Historiker und Lehrbeauftragter an der Universität Münster.

Bildung setzt Akzente

*Wie die Religion
die Bildung
herausforderte*

VON HARTMUT RANKE

Alt-Osnabrücker wissen, dass jeder Pflasterstein mit einem K oder einem E gekennzeichnet ist, Alt-Osnabrücker wissen auch, welche Brötchen katholisch geweiht sind und welche Bücher von einem Buchhändler evangelischen Glaubens feilgeboten werden. Natürlich ist dieses Wissen heute nicht mehr relevant, aber dahinter verbergen sich Erinnerungen an heftige Auseinandersetzungen um den rechten Glauben. Von diesen Kämpfen übriggeblieben sind zwei Gymnasien in der Stadt, deren konfessionelle Prägung den Bürgern der Stadt gegenwärtig ist: das Carolinum, kurz »Caro«, und das Ratsgymnasium, kurz »Rats«.

Das Carolinum, räumlich und geistig bis heute im Schatten des Domes gelegen, führt sich als Domschule auf Karl den Großen zurück, während das Ratsgymnasium eine Gründung der Reformation ist und bis heute als Schule evangelischer Tradition gilt. Die Gründungsgeschichte des »Rats« sei hier kurz skizziert als ein Beispiel dafür, mit welcher Intensität, ja Bitterkeit um »Schulehalten« im Namen des rechten Glaubens gestritten wurde.

1543 richtete der Rat der Stadt, der Hermann Bonnus zur Einführung der Reformation berufen hatte, eine Schule ein, die vom Rat bezahlt wurde und in der Kirchenordnung von Bonnus verankert war. Der Lehrplan sah vor, die Kinder zunächst lesen lernen zu lassen. Hier greift der Kern reformatorischer Überzeugung vom Priestertum aller Gläubigen und der Bibel als ausschließlicher Grundlage des Glaubens. Beides fordert vor allem eins: Bildung. Reformatorische Überzeugung war es, dass jeder Gläubige ohne Vermittlung eines Priesters in der Bibel lesen können müsse, um das wahre und unverfälschte Wort Gottes kennenzulernen. Neben Latein wurde in höheren Klassen auch der Katechismus traktiert und Gesangsunterricht erteilt; Letzteres, weil die Schüler bei Beerdigungen die Leichenzüge singend zu begleiten hatten.

Die Ratsschule blühte, die Domschule drohte einzugehen, was das Domkapitel zu heftigen Beschwerden veranlasste. Man berief sich auf eine Urkunde Karls des Großen, der dem Domkapitel das alleinige Recht des »Schulehaltens« zugesichert habe. So kam es – die großen konfessionellen Auseinandersetzungen, die die lokalen Beteiligten nicht beeinflussen konnten, spielten eine zentrale Rolle – 1548 zur Schließung der Ratsschule.

Zähe Verhandlungen zwischen Rat, Domkapitel und Fürstbischof führten zu einer nur kurzfristigen Lösung: Das Domkapitel stimmte einer Simultanschule zu. Ein lutherischer Rektor wurde eingestellt, lutherische Lehrer wurden berufen, der Rat erlaubte, dass evangelische Kinder die Domschule besuchen durften, der Katechismus Luthers wurde einge-

führt. So schien ein Kompromiss gefunden zu sein, der allen Beteiligten Genüge tat. Das Domkapitel sah seine Schule wieder im Aufwind, der Rat wusste seine evangelischen Kinder von lutherischen Lehrern betreut und der Fürstbischof konnte auf Frieden in seinem Herrschaftsgebiet hoffen.

Der Schulfrieden war allerdings nur von kurzer Dauer. Die Erfolge der Gegenreformation ermutigten auch das Domkapitel, die Simultanschule wieder zu rekatholisieren. 1595 wurde dem Rektor der Schule (Jodocus Kirchhof) und seinen lutherischen Kollegen durch das Domkapitel gekündigt und es wurde eine den in Münster tätigen Jesuiten nahestehende Lehrerschaft berufen. Der neue Schulleiter Matthäus Timpe schaffte den Katechismus Luthers ab und führte den des Jesuiten Petrus Canisius ein.

Natürlich rief dieses Vorgehen des Domkapitels das Misstrauen der Bürger und des Rates hervor. Nachdem gar ein Lehrer sich zu der Aussage verstiegen hatte, dass nur Knaben, die den Dom oder die Johanniskirche besuchten, in den Himmel kämen, die anderen Jungen aber in die Hölle, sah sich der mehrheitlich protestantische Rat veranlasst, wieder eine Schule für die Kinder der Bürger der Stadt zu gründen. 1595 wurde unter der Leitung des zwar entlassenen, aber als Privatlehrer in der Stadt verbliebenen Jodocus Kirchhof die Ratsschule wiedergegründet.

Das Domkapitel wehrte sich natürlich gegen diesen Schritt und klagte schließlich vor dem Reichskammergericht, das sich aber nicht zu einer Entscheidung durchringen konnte. Das Verfahren dauerte bis in das 18. Jahrhundert hinein und führte schlussendlich zu einer Konfessionalisierung des höheren Schulwesens, die bis heute im Bewusstsein vieler Osnabrücker präsent ist.

Das Domkapitel versuchte – unterstützt von dem katholischen Bischof Franz Wilhelm von Wartenberg – seine Schule durch Gründung einer Jesuiten-Universität zu profilieren, doch wurde diese 1629 gegründete Einrichtung schon 1633 nach der Besetzung Osnabrücks durch die Schweden wieder verboten (▶ S. 35). Erst durch die Regelungen des Westfälischen Friedens kam es zu einer Beruhigung der konfessionell motivierten Schulstreitigkeiten. Carolinum und Ratsgymnasium fanden zu einem spannungsvollen Nebeneinander.

Im Gefolge der veränderten Bedürfnisse der industriellen Revolution drängten neue Fächer in den Vordergrund. Die sogenannten Realien fanden zunächst zu Lasten der religiös verorteten Fächer Eingang in die höheren Schulen, was in die Gründung des heutigen Ernst-Moritz-Arndt-Gymnasiums als höherer Bürgerschule mündete. Die kirchliche Schulträgerschaft fand ihr Ende, das Carolinum wurde im Zuge des Kulturkampfes staatliches Gymnasium, die Trägerschaft des Ratsgymnasiums blieb lange unklar, spätestens mit dem Beginn der Naziherrschaft aber wurde aus dem Ratsgymnasium die Ratsoberschule, also auch eine staatliche Schule.

Heute sehen sich die Schulen vor völlig andere Herausforderungen gestellt: Mit der Zuwanderung von Muslimen und vielen Menschen aus den Ländern der ehemaligen Sowjetunion stellt sich die Frage nach der Pflege der religiösen Tradition der Schulen neu. »Caro« und »Rats« sehen sich der Pflege ihrer christlichen Wurzeln verpflichtet, aber auch herausgefordert, den andersgläubigen Bürgern gerecht zu werden. Das Bildungsziel muss heute »informierte Toleranz« heißen. Interessante Ansätze, sich mit veränderten religiösen Strukturen auseinanderzusetzen, lassen sich in den »Gärten der Weltreligionen« im Gymnasium »In der Wüste« beobachten. Besonders aber liefert die Universität einen wichtigen und spannenden Beitrag zur Bewältigung religiöser Vielfalt mit dem Institut für Islamische Theologie. Dort werden muslimische Religionslehrer für die Schulen ausgebildet. •

Die Gymnasialkirche neben dem Dom, heute »Kleine Kirche« genannt, gehörte zum alten, sich auf Karl den Großen zurückführenden Osnabrücker Gymnasium

◀
Das Ratsgymnasium, heute außerhalb der Altstadt gelegen, geht auf eine Gründung des evangelischen Rats der Stadt zurück und hatte bis in die jüngste Geschichte hinein einen selbstbewusstevangelischen Charakter

▶ **HARTMUT RANKE**
war bis 2006 Schulleiter am Ratsgymnasium Osnabrück.

Bischöfliche Residenzen

Die Iburg und das Osnabrücker Schloss

—

VON KLAUS NIEHR

Der evangelische Bischof Ernst August I. übernahm 1662 die Regentschaft und baute das Schloss.

Seit Bischof Benno II. in der zweiten Hälfte des 11. Jahrhunderts auf einem markanten, bereits vorgeschichtlich befestigten Bergsporn bei Iburg im Teutoburger Wald eine Burg und ein Benediktinerkloster errichtet hatte, zogen sich die Oberhirten von Osnabrück immer wieder an diesen Ort etwa 13 km südlich der Stadt zurück. Die über Jahrhunderte hinweg erneuerte und ausgebaute Doppelanlage wurde zu einem politischen Zentrum des Bistums. Demzufolge lag hier ein Brennpunkt gesellschaftlicher Auseinandersetzungen: 1442 und 1449 wurde die inzwischen dauerhafte Bischofsresidenz durch Osnabrücker Bürger erobert; 1553 belagerte Herzog Philipp Magnus von Braunschweig-Lüneburg den Ort und nahm ihn ein. Auch während des Dreißigjährigen Kriegs kam es wiederholt zu Plünderungen.

Mehrfach unternommene Versuche der Bischöfe, in die Stadt überzusiedeln, scheiterten an der Gegenwehr der Bürger. Deshalb blieb auch für den ersten protestantischen Bischof aus dem Welfenhaus, Philipp Sigismund von Braunschweig-Lüneburg (1591–1623), die Iburg der Herrschaftsmittelpunkt im Fürstbistum. Das Zusammenleben mit den Benediktinern in unmittelbarer Nachbarschaft war problemlos, weil der Bischof auf konfessionellen Ausgleich bedacht war.

In der zweiten Hälfte des 17. Jahrhunderts aber änderte sich diese jahrhundertealte Trennung von Residenz und kirchlichem Zentralort. Ernst August von Braunschweig-Lüneburg, der 1662 als erster offizieller protestantischer Regent das Bischofsamt übernommen hatte, und seine Gemahlin Sophie von der Pfalz empfanden nach ihrem Einzug in die Burg sehr schnell die Nachteile einer Wohnung fernab der Stadt, denn moderne Repräsentationsansprüche ließen sich hier nur unter großen Einschränkungen befriedigen.

Dabei waren Burg und Kloster keineswegs so veraltet, wie man es vielleicht vermuten könnte. Unter Philipp Sigismund und seinem Nachfolger Franz Wilhelm von Wartenberg hatte man teilweise durchgreifende Erneuerungen in Angriff genommen, die noch heute den Gebäudekomplex maßgeblich prägen. Anstelle einer sich aus disparaten Einzelgebäuden formierenden Anlage war ein weitgehend zusammenhängender und nach außen einheitlich wirkender Bau entstanden, der nach dem Geschmack der Zeit ausgestattet wurde. Wichtige Reste des Renaissanceinventars aus der Zeit um 1600 haben sich erhalten. Unter Wartenberg wurde durch Einrichtung und Ausstattung des Rittersaals auch ein Repräsentationsraum geschaffen, der neuesten ästhetischen Vorstellungen genügte. Doch derartige Anpassungen an modernen Geschmack und aktuelle Bedürfnisse reichten schon um die Mitte des 17. Jahrhunderts nicht mehr aus, um eine wachsende Familie, vor allem aber ein aus Frankreich importiertes und als immer wichtiger geltendes Zeremoniell zu etablieren: Der vergrößerte Hofstaat ließ sich im Ort nicht angemessen unterbringen und das Schloss selbst war auf den alten Grundmauern zu unregelmäßig gebaut,

◄
Ernst August I., dargestellt von Jan Graf-Betge im Jahr 2012 anlässlich des 350. Jubiläums seines Regierungsantritts, im Rittersaal der Iburg

▼
Ernst August I., der 1662 sein Amt als evangelischer Bischof Osnabrücks antrat, und seine Frau Sophie von der Pfalz (Iburg, Rittersaal)

Das Osnabrücker Schloss in einer alten Ansicht (um 1777; im Original spiegelverkehrt)

als dass man hier eine weitläufige Inszenierung fürstlicher Bedeutung installieren konnte.

Hinzu kam: Das junge bischöfliche Paar hatte ja längst Wohn- und Residenzbauten anderer Fürsten gesehen und wusste, wie man standesgemäß logierte und in welche Konkurrenzsituation man sich stellte, wenn man in den politisch-kulturellen Dialog mit seinesgleichen treten wollte. Ernst August kannte die von seinen älteren Brüdern bewohnten Schlösser in Hannover und Celle. Außerdem besuchte er regelmäßig Italien. Sophie, die Tochter Kurfürst Friedrichs V. von der Pfalz, des sogenannten »Winterkönigs«, war in den Niederlanden aufgewachsen und hatte danach lange Jahre in der alten pfälzischen Residenz Heidelberg verbracht. Gute familiäre Beziehungen nach Frankreich gab es außerdem. War alles dies bereits geeignet, Wünsche zu wecken, schien aber auch die aktuelle politische Lage – ein drohender Krieg mit dem Bischof von Münster – eindeutig gegen ein Leben auf dem Lande zu sprechen.

Vorerst musste man sich aber mit den Gegebenheiten dort arrangieren, und so behob man wenigstens die gravierendsten Mängel: Ein neuer Flügel mit Wohnräumen und einer Kapelle für den protestantischen Gottesdienst wurde gebaut. Letztere ist einschließlich ihrer Ausstattung erhalten und zeugt von den auf der Iburg herrschenden bescheidenen Verhältnissen. Dennoch ist dies ein geschichtsträchtiger Ort: Hier verbrachte Sophies Nichte Elisabeth Charlotte (Liselotte von der Pfalz) zwischen Herbst 1662 und Sommer 1663 einen längeren Aufenthalt, der ihr zeitlebens im Gedächtnis blieb. Und 1668 wurde hier Sophies Tochter Sophie Charlotte geboren, die 1684 den preußischen Kronprinzen und späteren König Friedrich I. heiratete.

Die Bemühungen um eine Verbesserung der Wohnsituation in Iburg verzögerten den Umzug in die Stadt allerdings kaum. Seit den späten 1660er Jahren waren intensive Vorbereitungen dazu im Gange. Grundstücke auf der Grenze zwischen Alt- und Neustadt wurden erworben, und seit 1669 wurde das neue Schloss errichtet. 1673 konnte man bereits einziehen; bis 1683 waren auch die Nebengebäude fertiggestellt.

Noch heute lässt sich nachempfinden, welches Aufsehen der Bau in der norddeutschen Provinz

hervorgerufen haben muss. Die monumentale Anlage, bestehend aus einem viergeschossigen »Corps de logis« und zweigeschossigen Flügelbauten, die einen großen Vorhof umschließen, sprengte die Dimensionen der kleinteiligen innerstädtischen Bebauung. Historischen Wert besitzt das Gebäude dadurch, dass es sich um einen der ersten Schlossbauten im Heiligen Römischen Reich nach dem Ende des Dreißigjährigen Krieges handelt. Kunsthistorisch bedeutsam ist die Architektur als sehr frühes Exempel moderner, von Italien und Frankreich geprägter Baukunst im nördlichen Deutschland. Mit einer solchen Residenz ließen sich die Vorstellungen des fürstlichen Paars von einem zeitgemäßen höfischen Leben in die Wirklichkeit überführen. Ein entscheidender Ort dafür war auch der nach französischen und holländischen Vorbildern gestaltete und mit exotischen Pflanzen geschmückte Garten.

Der Garten ist heute gänzlich überformt und nicht mehr als barockes Ensemble zu erkennen (▶ S. 4 f.). Vom Schloss ist nur die Hülle geblieben. Schon im 17. Jahrhundert zeichnete sich der Niedergang ab. Nach dem Umzug Ernst Augusts und Sophies nach Hannover im Jahr 1679, wo der Welfe die Leitung der Calenberger Linie des Herzogtums Braunschweig-Lüneburg übernahm, wurde das große Haus nicht mehr durchgehend genutzt. Größere Reparaturen standen bereits vor 1700 an. Als bischöflicher Wohnsitz fungierte das Schloss nur noch selten. Der Sohn der Erbauer, Ernst August II. (1716–1728), war der Einzige, der sich hier für etwas mehr als zehn Jahre dauerhaft niederließ. Die katholischen Amtsinhaber Karl von Lothringen (1698–1715) und Clemens August (1728–1761), die

das Haus von den Welfen zu mieten hatten, ließen sich hingegen kaum vor Ort blicken. Und auch der letzte Fürstbischof, Friedrich August (Friedrich von York; 1764–1802), kam allenfalls für kürzere Aufenthalte.

Nach Auflösung des Fürstbistums und Eingliederung des Fürstentums Osnabrück in das Königreich Preußen wechselte die Funktion des Baus: Bis ins frühe 20. Jahrhundert wurde er Verwaltungsbzw. Behördensitz und diente kulturellen Zwecken. Zu den dunklen Seiten der Geschichte des Gebäudes gehört, dass nach 1939 ein Gefängnis der Gestapo im Westflügel eingerichtet wurde.

Bei den Luftangriffen auf Osnabrück am 25. März 1945 bis auf die Außenmauern zerstört, stellte man die Anlage seit den späten 1940er Jahren wieder her. Die alte Raumdisposition war für Zwecke der jetzt hier etablierten Pädagogischen Hochschule allerdings nicht geeignet. Deshalb wurde das Innere neu organisiert und eingerichtet. Im Bereich des Foyers und der Aula haben sich wichtige Teile des zu jener Zeit geschaffenen qualitätvollen und mittlerweile denkmalgeschützten Inventars erhalten. 1974 wurde das Schloss zum Hauptgebäude der damals gegründeten Universität. Und so ist es bis heute Hülle wie Kulisse für ein studentisches Treiben, das dem alten Gemäuer Tag für Tag ein quirliges Leben beschert, wie es Ernst August und Sophie sich in ihren kühnsten Träumen nicht hätten ausdenken können.   •

▶ PROF. DR. KLAUS NIEHR
lehrt Kunstgeschichte an der Universität Osnabrück.

Die Iburg diente den Osnabrücker Bischöfen als Residenz, bis Ernst August I. in der zweiten Hälfte des 17. Jahrhunderts in Osnabrück ein Schloss baute

Aus einer Viehweide wurde der Stadtwald

Die Laischaften werden getragen vom Geist der Bürgerverantwortung

VON FRANK HENRICHVARK

Auf dieser alten Stadtansicht ist das Herrenteichstor noch zu sehen. Kolorierter Kupferstich in: Georg Braun und Franz Hogenberg, Civitates orbis terrarum liber 1 (Köln-Antwerpen 1572), fol. 22

▶ Das Logo der Herrenteichslaischaft zeigt das – nicht erhalten gebliebene – Herrenteichstor

Im Jahr des Bauernkriegs 1525 erhob sich auch in der Stadt Osnabrück ein Aufruhr: Unter der Führung des Johann von Oberg zogen die Bürger vor das Gerichtshaus und vertrieben die dort tätigen kirchlichen Notare. Sie plünderten Klerikerhäuser und fischten die Teiche des Klosters Gertrudenberg leer. In den Beschwerdebriefen der Aufständischen mischen sich reformatorische mit sozialen Forderungen: So sollten die »Papenwife« (Pfaffenweiber) an einer besonderen Kleidung kenntlich sein, geistliche Missetäter wie weltliche bestraft werden und vor allem das Evangelium »lauter und klar und ohne menschlichen Zusatz« gepredigt werden. Unter den sozialen Forderungen ragt ein Artikel besonders heraus: dass der Klerus nicht berechtigt sein solle, sogenannte »Zuschläge«, also der allgemeinen Weide entzogene Sonderflächen in der städtischen Feldmark, zu seinem eigenen Vorteil anzulegen.

Der Oberg-Aufstand brach kurz nach der Niederlage Thomas Müntzers in der Schlacht bei Frankenhausen zusammen. Der Streit um die Weiderechte der Bürger in der städtischen Feldmark aber blieb bestehen und wurde erst ein Menschenalter später friedlich geregelt. Schrittweise bildeten sich ab 1560 die Osnabrücker Laischaften: städtische Sondergemeinden, die Hirten anstellten, den Austrieb

der Milchkühe gemeinsam regelten und später dann auch genossenschaftlich Grundeigentum erwarben.

Sechs solcher Laischaften – der Name ist niederdeutsch und meint »Gemeinschaft«, mit einem Gegensatz zum Klerus hat er nichts zu tun – gab es einmal in Osnabrück. Sie verwalteten die Feldmark, bauten Straßen und Wege, schafften aus bürgerlicher Verantwortung für das Gemeinwesen Straßenlaternen und Feuerspritzen an. Und wenn es nötig war, gaben sie auch Geld für den Rathausbau oder eine neue Kirchenorgel. Bis heute sind noch zwei von ihnen lebendig geblieben: Die Herrenteichslaischaft fördert aus ihren Erträgen vornehmlich Kunst und Kulturprojekte in der Stadt, und die Heger Laischaft verwaltet immer noch einen Teil der früheren Allmende, das 90 Hektar große Heger Holz – wahrscheinlich das von den Osnabrückern am meisten genutzte Naherholungsgebiet vor den Toren der Stadt. Wer hier spazieren geht, genießt nicht nur die frische Luft. Er partizipiert auch an einem Stück bürgerlicher Selbstverwaltung, das ohne Luthers Wort von der »Freiheit eines Christenmenschen« kaum entstanden wäre. ●

▶ **FRANK HENRICHVARK**
ist Journalist und Historiker.

Osnabrück früher und heute

oder: Wie aus einem Fürstbistum ein Landkreis wurde

VON MARTIN H. JUNG

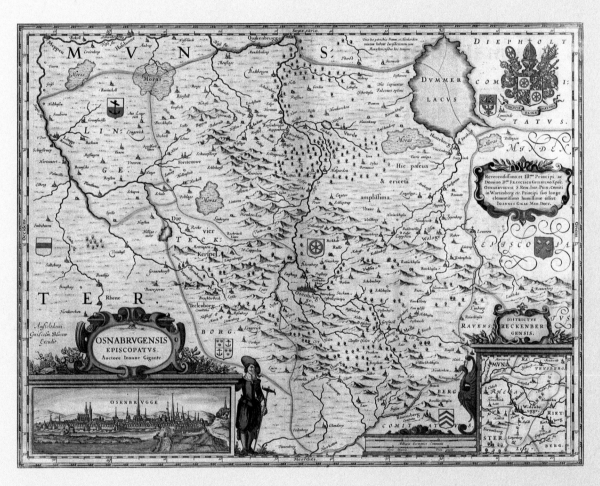

Kupferstichkarte des Bistums Osnabrück von Johannes Gigas, verlegt bei Henricus Hondius, aus dem Jahre 1633. Links unten nochmals die Ansicht der Stadt Osnabrück nach Braun-Hogenberg (▶ S. 42). Rechts oben das Wappen des Landesherrn Franz Wilhelm von Wartenberg

Osnabrück war im Mittelalter und in der Frühen Neuzeit eines von vielen sogenannten geistlichen Territorien in Deutschland – Gebiete, in denen Bischöfe neben ihrem kirchlichen gleichzeitig ein politisches Amt hatten. Sie regierten kirchlich ihre Diözese, weltlich ihr Hochstift; beide Bereiche überschnitten sich, deckten sich aber nicht. Diese Doppelfunktion bringt der Titel »Fürstbischof« zum Ausdruck: ein Bischof, der gleichzeitig Fürst, also weltlicher Herrscher ist.

Das Besondere an Osnabrück war zum einen, dass hier ein Bischof auf die Seite der Reformation trat, zum anderen, dass inoffiziell schon im 16. und frühen 17. Jahrhundert, offiziell nach dem Friedensschluss von 1648 abwechselnd Evangelische und Katholiken als Fürstbischöfe regierten. Das blieb so bis 1802, als das Fürstbistum endete. Anschließend kamen Stadt und Land Osnabrück mal zu Preußen, mal zu Hannover und wurden zuletzt, im Jahr 1946, ein Landkreis des Bundeslandes Niedersachsen. ●

GOTTESHÄUSER DER STADT

Wer aus der Ferne auf Osnabrück blickt, sieht viele mittelalterliche Kirchtürme. Seit der Reformation gehören einige zu katholischen, andere zu evangelischen Kirchen. Hinzugekommen sind eine Synagoge, eine orthodoxe Kirche, mehrere Moscheen. Gott wird in verschiedenen Häusern auf verschiedene Weise gedient. Katholiken, Protestanten, Juden und Muslime suchen aber gemeinsam der Stadt Bestes.

Die Kirche St. Marien im Zentrum Osnabrücks, Blick vom Turm der Katharinenkirche. Im Hintergrund links sieht man den Piesberg

Kirchen der Reformation

Sankt Marien und Sankt Katharinen

—

VON FRANK UHLHORN UND OTTO WEYMANN

◄ Seite 44–45:
Der im Mittelalter erbaute Dom Sankt Petrus gehört mit seinen ungleichen Türmen zu den Wahrzeichen Osnabrücks. Als wichtigste katholische Kirche der Stadt ist er zugleich ein Ort ökumenischer Begegnung

Die evangelische Kirche St. Marien prägt zusammen mit dem Rathaus, der Stadtwaage und einer Zeile von giebelständigen Bürgerhäusern einen der schönsten Marktplätze in Norddeutschland. Sie ist das kraftvolle Zeichen einer selbstbewussten Bürgerschaft von Kaufleuten und Handwerkern, die ihre Kirche im augenfälligen Gegenüber zum Bischofssitz, dem romanischen Dom St. Petrus, errichtet hat.

Die gotische Hallenarchitektur lässt mit ihrer lichten Anmutung und ihren in den Himmel aufstrebenden Bögen beinahe vergessen, dass sie, wie der gesamte historische Marktplatz, am 13. September 1944 bei einem Bombenangriff bis auf die Grundmauern zerstört wurde und buchstäblich aus Schutt und Asche ihre Schönheit wiedergefunden hat.

Die Markt- und Stadtkirche St. Marien stand schon in vorreformatorischer Zeit in besonderer Verbindung mit dem Rat der Stadt und unter seinem Schutz. Als sich der Rat im 16. Jahrhundert zum Protestantismus bekannte, wurde der Lübecker Stadtsuperintendent Hermann Bonnus in seine Heimat zurückgeholt (▶ S. 32). Am 2. Februar 1543 predigte Bonnus erstmals von der Kanzel der Marienkirche im Sinne der lutherischen Lehre und teilte das Abendmahl »in beiderlei Gestalt« aus.

Die Geschichte der Stadt ist davon geprägt, dass die Friedensverhandlungen zur Beendigung des Dreißigjährigen Krieges zeitgleich in Osnabrück und Münster stattfanden. Fünf Jahre lang dauerte der Friedenskongress. In Osnabrück residierten die protestantischen Unterhändler und hier wurden die anstehenden religionspolitischen Fragen und die protestantischen Interessen verhandelt. Die Unterzeichnung des Friedensvertrages erfolgte in Münster, die Verkündung einen Tag später, am 25. Oktober 1648, von der Treppe des Osnabrücker Rathauses. Danach stiegen Bläser auf den Turm der Marienkirche und ließen in alle Himmelsrichtungen Choräle erklingen, darunter das Danklied »Nun lob' mein Seel' den Herren ...« nach dem 103. Psalm. Dieser Choral erklingt auch heute noch zu Feiertagen vom Turm der Marienkirche und wird in der Region von allen Konfessionen als das »Osnabrücker Friedenslied« verstanden.

In der Gegenwart sieht St. Marien einen Schwerpunkt der Gemeindearbeit in einem engen ökumenischen Austausch mit

Zahlreiche spätmittelalterliche Kunstwerke schmücken noch immer das Kirchenschiff der evangelischen Marienkirche, denn die Osnabrücker Reformation verlief ohne Bildersturm

Die Heilige Katharina wurde in Osnabrück seit dem hohen Mittelalter verehrt. Davon zeugt diese Statue der Heiligen an der Katharinenkirche

▶

In der Katharinenkirche gibt es neben den berühmten Osnabrücker Reformatorenbildern aus dem 17. Jahrhundert mehrere mittelalterliche sowie moderne Werke der religiösen Kunst zu sehen, darunter die Kreuzigungsgruppe (1963) von Jürgen Weber auf dem Altar

der katholischen Gymnasialkirche (▶ S. 22 und 37), der reformierten Bergkirche (▶ S. 56) und natürlich mit dem Dom St. Petrus (▶ S. 50 ff.). Gegenseitiger Kanzeltausch etwa am Neujahrstag, gemeinsame Gottesdienste zu Karfreitag und Aschermittwoch, eine Agape-Feier in St. Marien mit Brot und Wein sind Höhepunkte im Kirchenjahr für katholische, reformierte und lutherische Christenmenschen. Im Sinne einer ökumenischen Verantwortung wird es in der Stadt auch gern gesehen, wenn St. Marien die lutherische Theologie pointiert vertritt.

Neben der Ökumene wird die traditionsreiche Verbindung zwischen dem Rat der Stadt und St. Marien von beiden Seiten mit Leben gefüllt. So versprechen sich z. B. die Ratsmitglieder am »Handgiftentag«, dem ersten Werktag nach Beginn eines neuen Jahres, nach jahrhundertealtem Brauch im Rathaus, das Beste für die Stadt zu tun. Dazu läutet eine Glocke von St. Marien und anschließend wird ein Gottesdienst in der Kirche gefeiert.

Sankt Katharinen wurde nach himmlischen Maßstäben gebaut. Herausragend im wahrsten Sinne und prägend für das Stadtbild ist der markante und weithin sichtbare 103,5 Meter hohe Kirchturm. Er ist der höchste in Westniedersachsen.

Im Jahre 1248 wurde die Katharinenkirche, die durch die Unterstützung des ansässigen Adels im Stile einer spätgotischen, westfälischen Hallenkirche erbaut wurde, erstmals erwähnt. Die nahezu quadratischen Ausmaße des Kirchenschiffs messen 144 biblische Ellen und entsprechen den Ausmaßen des himmlischen Jerusalem (Offenbarung 21,16–17).

Namensgeberin der Kirche ist die gelehrte Katharina von Alexandrien. Ihre Legende ist auf der Bronzetafel des Lesepultes abgebildet. Die Attribute ihres Martyriums sind das Schwert und das Rad, auf dem sie gefoltert wurde, weil sie nicht dem christlichen Glauben abgeschworen hatte. Das Stadtsiegel und spätere Wappen der Stadt, das »Osnabrücker Rad« (▶ S. 10), geht aller Wahrscheinlichkeit nach auf dieses

Katharina von Alexandrien

Der Legende nach sollte Katharina – Königstochter aus Alexandrien in Ägypten – um das Jahr 300 ihrem christlichen Glauben abschwören. Der erste Versuch des Kaisers, Katharina auf einem Rad zu Tode zu foltern, misslang. Das Rad zersprang. Schließlich wurde Katharina durch das Schwert enthauptet, aber zugleich von Engeln getragen und entrückt. Das Rad und das Schwert sind die Attribute ihres Martyriums.

Attribut der Katharina zurück. Katharina war auch Schutzpatronin für Studenten, und so passt es gut, dass die Katharinenkirche heute als Universitätskirche dient und der Evangelischen Studierendengemeinde (ESG) Heimat bietet.

Während der Friedensverhandlungen in Osnabrück und Münster diente die Kirche der schwedischen Gesandtschaft als Verhandlungsraum und als Garnisonskirche zur Feier von Gottesdiensten. Noch heute finden sich in der Kirche die damals von den schwedischen Gesandten gestifteten Altarleuchter und die Gemälde der weltlichen Herrscher (Kaiser Karl V., Schwedenkönig Gustav Adolf, Kurfürst Johann Friedrich von Sachsen). Weitere Gemälde zeigen die Reformatoren Martin Luther und Hermann Bonnus (▶ S. 30) sowie Johannes Pollius (▶ S. 33), den ersten evangelischen Prediger in St. Katharinen.

Eine Grabplatte erinnert an das 1666 bei der Geburt verstorbene Kind des evangelischen Bischofs Ernst August I. und seiner Frau Sophie. Sie trägt die Aufschrift: »Der Auferstehung seines zarten Leibes harrt hier ein feiner Prinz, der selbst ... an der Lebensschwelle vom Leben ausgeschlossen wurde. Flüchtig ist, was er gelebt hat, bleibend, was er lebt.«

Eine Gedenkplatte am Turm der Kirche markiert den Bombeneinschlag am Palmsonntag 1945, dem der Hochaltar zum

Opfer fiel. Beeindruckend sind die farbigen Glasfenster im Chorraum von 1950 (Geburt Christi, Abendmahl/Kreuzigung, Auferstehung, Ausgießung des Heiligen Geistes) und die ausdrucksstarke und ansprechende Kreuzigungsgruppe aus Bronze (1963) von Jürgen Weber.

Heute versteht sich die Katharinengemeinde als ein Ort der Begegnung: Begegnung mit Gott, mit anderen Menschen, mit sich selbst. Das Spektrum der Gottesdienste reicht vom Krabbelgottesdienst (für die Jüngsten) über den Predigtgottesdienst und die Thomasmesse (für Suchende und Zweifelnde) bis hin zum Evensong – dem Osnabrücker Abendlob – nach der Tradition des anglikanischen Book of Common Prayer. Jeden Donnerstag, wenn rund um die Kirche Markttreiben herrscht, bietet die Marktmusik in der Kirche (10.30 Uhr, Eintritt frei) Besinnung und Entspannung.

Ein aktuelles Projekt der Gemeinde ist der Bau einer Osnabrücker Friedensorgel, die die materialermüdete Ott-Orgel ersetzen soll. •

▶ **DR. FRANK UHLHORN**
ist Pastor an St. Marien.

OTTO WEYMANN
ist Pastor an St. Katharinen.

Der Osnabrücker Dom und das zu
ihm gehörende Museum beherber-
gen kostbare Kunstgegenstände,
darunter ein Triumphkreuz von
1230 und Apostelfiguren aus dem
16. Jahrhundert

Katholische Kirchen

Der Dom Sankt Petrus und Sankt Johann

VON HERMANN QUECKENSTEDT

Die Große und die Kleine Domsfreiheit in der Altstadt sowie die Johannisfreiheit in der Neustadt markieren jene Rechtsbezirke, in denen die Kapitel der Kathedrale und der Kollegiatkirche St. Johann die Rechtshoheit ausübten und deren Bewohner von der bürgerlich-städtischen Steuerlast befreit waren.

Heute wird die Große Domsfreiheit als Parkplatz genutzt, auf dessen Mittelpunkt das Denkmal des Osnabrücker Publizisten und Staatsmanns Justus Möser

Ein »Kapitel« ist eine Körperschaft von gemeinsam lebenden Geistlichen, die für das gottesdienstliche Leben und die Verwaltung einer bestimmten Kirche zuständig sind. Das kann eine (erz-)bischöfliche Hauptkirche (Kathedrale oder Dom) sein, aber auch eine Kollegiatkirche (oder Stiftskirche), die nicht dem Bischof untersteht. Sowohl Domkapitel wie Stiftskapitel werden von einem Propst geleitet.

(▶ S. 71) steht. Zentrum der nördlichen Häuserzeile gegenüber dem Dom ist das Bischofshaus, das bis zur Säkularisation 1802 einem der drei evangelischen Domherren als Heimstatt diente. Typisch Osnabrück, könnte man sagen, denn die katholischen Oberhirten wurden von den Messdienern noch im 20. Jahrhundert vom einst evangelischen »Bischofshaus«, vorbei am protestantischen Staatsdiener Möser, in ihre katholische Kathedrale geleitet.

Die Kathedrale markiert die Keimzelle der Stadt, des katholischen Bistums sowie des evangelisch-lutherischen Sprengels. Während anfangs die besondere Gunst Karls des Großen und seiner Nachfolger auf Osnabrück ruhte, verlor die in mittelalterlicher Selbstwahrnehmung älteste und vornehmste Kirche Sachsens später an Bedeutung.

Seit dem 16. Jahrhundert wurde das Domkapitel zum Garanten des katholischen Ritus, wenngleich einzelne Domherren der Lehre Luthers zuneigten. Zu diesem Zeitpunkt hatte sich das Kapitel zu einem adeligen Kollegium entwickelt, in dem die nachgeborenen Söhne des Osnabrücker Adels sowie Auswärtige mit Pfründen versorgt und auf geistliche Karrieren vorbereitet wurden. Als Fürstbischof Franz von Waldeck 1543 die Reformation einführen ließ, erwies sich der altgläubige Dompropst Herbord von Bar als einer der wichtigsten Widersacher,

Von »Luther« im Süden zu »Bonnus« im Westen

Evangelische Kirche in Osnabrück heute

—

VON FRIEDEMANN PANNEN

Werbung für den »anderen
Gottesdienst« in der Lutherkirche

Immer
am ersten Sonntag
im Monat

DER ANDERE
GOTTESDIENST

auch für
„anders Gläubige"
in der
Lutherkirche

SÜDSTADTKIRCHENGEMEINDE

An der im Jugendstil erbauten Lutherkirche in der Südstadt machen Transparente auf den sogenannten »anderen Gottesdienst« aufmerksam. Filme, Theater, Bücher, Ausstellungen, Musik und vieles mehr werden in diesem »anderen Gottesdienst« mit der Botschaft der Bibel in Verbindung gebracht. Der »andere Gottesdienst« schlägt also Brücken zum Leben in der Stadt. Mit seiner deutschen Messe hatte Martin Luther nichts anderes im Sinn. Er reformierte den Gottesdienst grundlegend, um ihn für seine Zeit attraktiv zu machen. In der Lutherkirche wird dieses reformatorische Anliegen in besonderer Weise erkennbar.

Zum Stadtteil gehören die meisten Moscheegemeinden Osnabrücks. Die Südstadt-Kirchengemeinde pflegt zu ihnen gute Nachbarschaft. Was in der Gemeinde gelingt, setzt sich auf städtischer Ebene fort (▶ S. 61). Die Evangelische Kirche arbeitet beim »Runden Tisch der Religionen« mit. Die Lutherkirche steht somit für das moderne Toleranzverständnis der Evangelischen Kirche und für ihr Engagement im interreligiösen Dialog der Stadt.

Ein wenig versteckt liegt auf dem Kalkhügel die Melanchthonkirche. Ein ansprechender Rundbau aus den frühen 1960er Jahren erinnert an den »Praeceptor Germaniae«. Bestechend und schutzwürdig ist die Raum-Licht-Konzeption der Kirche, die allerdings als Standort der Kirchengemeinde aufgegeben werden soll.

Auch das gehört zur heutigen Evangelischen Kirche in Osnabrück: Nicht alle 19 städtischen Kirchen lassen sich dauerhaft bewirtschaften – »ecclesia semper reformanda est« (die Kirche soll immer reformiert werden). Ein protestantischer Grundsatz, der auch vor liebgewordenen Gebäuden nicht Halt

Die Bonnuskirche im Westen der Stadt wurde 1964 eingeweiht. Sie erinnert an den Osnabrücker Reformator Hermann Bonnus. Der 50 m hohe freistehende Turm ist weithin sichtbar und ein echter Blickfang

macht. So, wie nach dem Zweiten Weltkrieg angesichts der steigenden Osnabrücker Bevölkerung zahlreiche Gotteshäuser gebaut wurden, muss es jetzt auch eine Reduzierung geben.

Gebäude sind nicht heilig. Nur durch ihre Nutzung, durch den Gebrauch werden sie es. Ohne das gepredigte und verkündigte Wort kehren Gottes Räume zurück zu dem, was sie äußerlich sind: architektonische (Meister-)Leistungen. Die Evangelische Kirche Osnabrücks würdigt allerdings, dass mehrere Generationen in Gotteshäusern – wie der Melanchthonkirche – gebetet haben, getauft, konfirmiert und verheiratet wurden. Deshalb entwickelt sie respektvolle Nachnutzungskonzepte für Kirchen ihrer Stadt, die nicht dauerhaft als Gotteshäuser zu erhalten sind. Sie kann aber nur durch die Aufgabe von Standorten zukunftsfähig bleiben.

Wie ein Zeigefinger ragt der Glockenturm der Bonnuskirche auf der Illoshöhe in den Himmel. Hermann Bonnus' Kirchenordnung von 1543 markiert den Beginn evangelischen Glaubens in Osnabrück. 1964 wurde das zeltähnliche Kirchengebäude errichtet. Heute befindet sich in unmittelbarer Nachbarschaft das Hermann-Bonnus-Haus, eine Altenhilfeeinrichtung des Diakoniewerks. Besuchsdienste, Gottesdienste und gemeinsame Feste kennzeichnen die guten Beziehungen der Bonnus-Kirchengemeinde zum Bonnus-Haus.

Die Kirchenordnungen der Reformationszeit regelten immer auch das Armenwesen. »In den Kirchspielskirchen soll ein allgemeiner Kasten für die Armen eingerichtet werden, in den jeder zum Wohl der Armen hineintun mag, was Gott ihm ins Gewissen eingibt, damit man bei uns auch die Früchte und Werke des Evangeliums gegenüber unseren Nächsten spürt und sieht« (Osnabrücker Kirchenordnung 1543). Mit ihrer Diakonie ist die Evangelische Kirche Osnabrücks in der Stadt sehr präsent. Patenschaften zwischen diakonischen Einrichtungen und Kirchengemeinden tragen dazu bei, dass sich beide Seiten ergänzen. In der Bonnus-Gemeinde gehört zur diakonischen Arbeit seit vielen Jahren auch der Arbeitskreis von Menschen mit und ohne Behinderung. Ferner feiert hier die – zahlenmäßig kleine – altkatholische Gemeinde Osnabrücks ihre Gottesdienste.

So erinnert der Zeigefinger des Glockenturms an den diakonischen Auftrag Evangelischer Kirche in der Stadt Osnabrück: Vergesst nicht die Armen, Kranken, die Menschen mit Behinderung, die Alten und Sterbenden – ihr habt sie allezeit bei euch! •

▶ FRIEDEMANN PANNEN
ist Superintendent des Evangelisch-lutherischen Kirchenkreises Osnabrück.

Reformierte und Orthodoxe finden Heimat

Die Bergkirche und die Georgskirche

—

VON ALFRED MENGEL

Das Osnabrücker Friedensdokument von 1648 beginnt mit den feierlichen Worten »Im Namen der allerheiligsten und unteilbaren Dreifaltigkeit«. Es brachte »jenen, die als Reformierte bezeichnet werden«, die reichsrechtliche Gleichstellung mit Katholiken und Lutheranern (Artikel VII). Die Evangelisch-Reformierte Gemeinde Osnabrück teilt nicht nur das Bekenntnis zu dem Dreieinen Gott, sie weiß sich auch der Friedenstradition ihrer Stadt verpflichtet.

Bergkirche

So baute sie 1926 die »Friedenskirche«, heute eine Jugendkirche, und pflegt Partnerschaften mit Sebokeng in Südafrika und mit der Protestantischen Gemeinde Haarlem in den Niederlanden. In der Bergkirche setzte Karl Barth am 18. April 1934 die Auslegung von Johannes 10 (Jesus, der gute Hirte) fort, die er drei Tage zuvor in der Christuskirche in Paris begonnen hatte – ein Zeichen gegen den Nationalhass.

Die Bergkirche, weithin sichtbar am Hang des Westerberges stehend, wurde am 1. November 1893 ihrer Bestimmung übergeben. Otto March aus Berlin hatte sie entworfen. Dabei war geradezu revolutionär, dass ein Baukörper Kirche und Gemein-

deräume, Pfarr- und Küsterwohnung vereinigte. Die Ökumene geriet nicht aus dem Blick: Die unteren Fenster wurden so verglast, dass Dom und Marienkirche sichtbar blieben. Nach wie vor ist die Reformierte Gemeinde ökumenisch stark engagiert.

Das Innere der Bergkirche vermittelt durch den vorherrschenden Holzton in eleganter Schlichtheit eine bergende Wärme. Eine bewusst zentrale Stellung nehmen Kanzel und Abendmahlstisch in der Mittelachse der Kirche ein. Der angedeutete Halbkreis von Bänken und Emporen unterstreicht die Gemeinschaft der unter dem Wort und zum Heiligen Abendmahl versammelten Gemeinde Jesu Christi.

Am 14. Juni 1791 feierten zum ersten Mal zugezogene reformierte Tecklenburger, Bentheimer, Lingener, Lipper und Ostfriesen in der Zuchthauskirche das Abendmahl, ab 1805 in der Marienkirche. Die Gründungsurkunde der Gemeinde datiert vom 17. Januar 1889. Sie umfasst heute in der Stadt und im Landkreis Osnabrück ca. 6000 Gemeindeglieder.

Die weit im Nordwesten Osnabrücks, an der Wersener Straße, gelegene orthodoxe Kirche ist dem Heiligen Georg geweiht, der in den Kirchen des Ostens und des Westens gleichermaßen verehrt wird

◀ **Seite 56:**
Die auf einer Höhe westlich der Altstadt gelegene Bergkirche dient seit 50 Jahren der Reformierten Gemeinde Osnabrücks als Gotteshaus. Sie zeichnet sich innen durch die typisch reformierte Schlichtheit aus: Wo andere Kirchen ihre Altäre haben, steht bei ihr ein einfacher Tisch, an dem sich die Gemeinde zum Abendmahl versammelt

Georgskirche

Die serbisch-orthodoxe Georgskirche erinnert zuerst an Schuld und Leid. Bei einem Bombenangriff auf Osnabrück am 6. Dezember 1944 traf eine britische Luftmine ein Gefangenenlager für serbische Offiziere. 116 Offiziere starben, 121 wurden schwer verletzt. Wegen der politischen Umwälzungen auf dem Balkan blieben nach Kriegsende viele serbische Soldaten in Osnabrück, serbische Flüchtlinge kamen hinzu. Sie sehnten sich nach der ihnen vertrauten Göttlichen Liturgie.

Ein erster orthodoxer Gottesdienst war schon am 6. Mai 1941, dem Tag des Heiligen Georg, im Kriegsgefangenenlager gefeiert worden. Nach dem Krieg gab es Provisorien. Endlich konnte in den Jahren 1964–1982 eine Kirche gebaut werden. Die Stadt Osnabrück gab das Grundstück und stiftete die Glocken sowie die elektrische Anlage. Die Kirchen und viele Einzelpersonen spendeten. In der britischen Rheinarmee wurde gesammelt. Ein deutscher Architekt arbeitete kostenfrei mit dem serbischen Bauingenieur zusammen. Die Ikonostase fertigten ein serbischer Diakon und deutsche Handwerker gemeinsam.

Am 8. Mai 1982, dem Jahrestag des Kriegsendes, wurde die Kirche in Erinnerung an den ersten Lagergottesdienst dem Großmärtyrer Georg geweiht. Zugleich ist sie Gedächtniskirche der getöteten Offiziere wie auch aller Opfer des Zweiten Weltkrieges.

Baugeschichtlich orientiert sich die Kirche über die Klosterkirche in Kalenić an der berühmten Apostelkirche in Konstantinopel. Auf kreuzförmigem Grundriss mit drei Apsiden an den Kreuzenden wächst die Kirche empor und bildet einen harmonisch bergenden, mit Fresken geschmückten erhebenden Raum. Die im Außenmauerwerk ringsum laufenden Bänder aus roten und gelben Backsteinen vermitteln einen byzantinischen Eindruck.

Heute zählen zur Serbisch-Orthodoxen Gemeinde in einem weiten Umkreis etwa 300 Familien. In der Kirche werden auch Gottesdienste in russischer, bulgarischer und deutscher Sprache gefeiert. ●

▶ **ALFRED MENGEL**
war von 1989 bis 2010 Präses des Evangelisch-Reformierten Synodalverbandes Emsland-Osnabrück.

Die Osnabrücker Synagogen

Spuren der jüdischen Geschichte

—

VON TILDA BACHMENDO

Bereits 1260 sprechen Kölner Quellen von Juden in Osnabrück. In den Urkunden der Stadt Osnabrück selbst wird im Jahre 1267 ein hier ansässiger Jude erwähnt.

Von einer Osnabrücker Synagoge wird erstmals 1309 berichtet. Eine Urkunde von 1372 lässt auf ihre Lage schließen. Darin wird ein Haus erwähnt, das in der Schweinestraße nächst der Synagoge liege. Es wird angenommen, dass alle Juden ursprünglich in der Schweinestraße (heute Marienstraße) gewohnt haben. Um 1360 wurde in der Redlingerstraße eine neue Synagoge eingerichtet. Im frühen 15. Jahrhundert ging es mit der jüdischen Gemeinde zu Ende, weil die Bischöfe ihren weiteren Aufenthalt verboten. Von 1431 bis etwa 1800 wohnten in Osnabrück keine Juden mehr.

1823 schrieb der Rat der Stadt auf Anfrage: »Es leben hier 5 (jüdische) Familien. Ihren G'ttesdienst halten sie in einem gemieteten Hinterzimmer des Tuchfeldtschen Hauses (Haken-straße 16) ab. Alle kirchlichen Handlungen, auch das Schächten verrichtet der Lehrer, der auch den Religionsunterricht erteilt, während die Kinder den übrigen Unterricht in den christlichen Schulen empfangen.« Um 1848 diente das Gebäude in der Bierstraße 18 als Bet- und Versammlungshaus. Erst 1872 war die Gemeinde stark genug, das Haus Barfüßerkloster 6/7 zu erwerben und als Synagoge und Schule einzurichten.

Von 1869 bis 1880 nahm die Zahl der jüdischen Einwohner stark zu: von nur 25 auf 394. 1905 erreichte die Synagogengemeinde Osnabrück, Iburg und Ostercappeln mit 474 Mitgliedern den Höhepunkt ihrer bisherigen Geschichte. Am 22. November 1904 wurde der Bau eines neuen, würdigen G'tteshauses einstimmig beschlossen. Am 12. September 1905 erfolgte auf dem Gelände an der Rolandstraße unter Teilnahme des Landrabbiners Dr. Jonas Löb aus Emden die Grundsteinlegung. Ein Jahr später, am 13. September 1906, wurde die neue Synagoge feierlich eingeweiht.

Diese Synagoge wurde am 9. November 1938 in der Reichspogromnacht von der Osnabrücker SA in Brand gesetzt. Das angrenzende Gemeindehaus blieb zwar unversehrt, musste aber im Mai 1939 von den jüdischen Bewohnern geräumt werden. Sie wurden in sogenannte »Judenhäuser« umgesiedelt.

Die Autorin verwendet in ihrem Beitrag konsequent die Schreibweise »G'tt« und folgt damit einer Tradition im Judentum, die vermeiden möchte, dass der Name des Herrn missbraucht wird.

Am Hauptportal der Marienkirche fällt der Blick auf die Statue einer Frau mit verbundenen Augen und gesenktem Haupt: ein mittelalterliches Symbol des angeblich geistlich blinden Judentums und zugleich ein Relikt aus der judenfeindlichen Epoche der Stadt.

Die wenigen noch in Osnabrück lebenden Juden trafen sich am Sabbat im ehemaligen Geschäftshaus der Gebrüder Flatauer in der Möserstraße 26. Der G'ttesdienst fand hier statt, bis Raphael Flatauer Anfang Februar 1940 Osnabrück verließ. Die letzte Stätte jüdischen G'ttesdienstes in Osnabrück war das Haus der Witwe Stern in der Seminarstraße 31. Von den 1933 in Osnabrück lebenden 435 Juden emigrierten bis 1939 etwa 300. Am 13. Dezember 1941 erfolgte die erste Deportation. 102 Juden fielen der »Endlösung« zum Opfer. In der Innenstadt erinnern seit 2007 »Stolpersteine« des Kölner Künstlers Gunter Demnig an das Schicksal der jüdischen Mitbürger (▶ S. 68).

Seit dem 14. Mai 1942 waren in Osnabrück-Eversheide 5000 gefangene jugoslawische Offiziere untergebracht. Unter ihnen befanden sich 400 Juden, die sich regelmäßig zu G'ttesdiensten versammelten.

Nachdem die englischen Truppen am 4. April 1945 Osnabrück befreit hatten, kehrten einige wenige überlebende Juden in die Stadt zurück. Ihr erstes Anliegen war die Errichtung eines Bethauses. Die erste provisorische Synagoge wurde im ehemaligen Klassenzimmer der jüdischen Schule an der Rolandstraße eingerichtet. Ihre feierliche Eröffnung fand am 19. August 1945 in Anwesenheit von Rabbiner Dr. Hermann Helfgott (später trug er den Namen Zvi Asaria) und Rabbiner Wilensli statt.

Die neu entstandene Gemeinde zählte damals 45 Mitglieder. Nur zwölf von ihnen waren gebürtige Osnabrücker. 1969 zählte die Jüdische Gemeinde des Regierungsbezirks Osnabrück nur 64 Mitglieder. 25 davon lebten in der Stadt selbst. Trotzdem entschloss sich die Gemeinde, eine Synagoge und ein Gemeindehaus »In der Barlage« aufzubauen. Am 1. Juni 1969 wurde die Synagoge eingeweiht, die mit der Unterstützung der Landesregierung, der Stadt und des Bundes errichtet worden war.

Die Situation in der Gemeinde veränderte sich Anfang der 1990er Jahre grundlegend, als jüdische Einwanderer aus der ehemaligen Sowjetunion nach Deutschland kamen. Die Zahl der Gemeindemitglieder stieg bis 2010 auf knapp 1000. Deshalb wurde die Entscheidung getroffen, das Gemeindehaus umzubauen. Am 3. Februar 2010 wurde das neue Gemeindezentrum feierlich eingeweiht.

Die Jüdische Gemeinde Osnabrück hat heute ein reges Gemeindeleben. Sie ist offen für Gäste und Besucher; regelmäßig finden Synagogenführungen statt, z.B. für Schulklassen. Freundschaftliche Kontakte bestehen zu den christlichen Kirchen und zu Moscheegemeinden. ●

▶ TILDA BACHMENDO
ist Kulturreferentin der Jüdischen Gemeinde Osnabrück.

Nicht augenfällig, aber längst präsent

Moscheen in Osnabrück

—

VON SEYMA SAHIN

Yilmaz Akyürek, Träger der Bürgermedaille der Stadt Osnabrück, stellt 2005 nicht-muslimischen Besuchern den Gebetsraum der Ditib-Moschee in der Frankenstraße vor

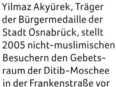

Die Friedensstadt Osnabrück zeichnet sich durch ihre kulturelle Vielfalt aus, die auch in der muslimischen Landschaft dieser Stadt wiederzufinden ist. Die Motivation und die zeitlichen Anfänge der Gemeinden ähneln sich in den meisten Fällen: Menschen verschiedener Nationen kamen als Gastarbeiter und verspürten nach einer Phase der Orientierung in der deutschen Lebens- und Arbeitswelt das Verlangen nach religiösen Zusammenkünften mit ihresgleichen, um den Durst der Seelen zu stillen und gemeinschaftlich den religiösen Pflichten nachzugehen. So kam es dazu, dass muslimische Gastarbeiter, überwiegend in ihrem türkischen und arabischen Umfeld, in Eigeninitiative Räumlichkeiten mieteten, so dass erste gemeinsame Gebete verrichtet werden konnten.

Die Moscheen, die neben religiösen auch (inter)kulturelle Austausch- und Begegnungsstätten sind, sind eingetragene Vereine, die zumeist einem Dachverband angehören. Den Anfang machte 1976 die Fatih Moschee, die dem Verband der islamischen Kulturzentren angehört. Ihr folgte 1977 die IGMG Merkez Moschee, deren zweiter Standort, der Goethering 14, sich mit der Entstehungsgeschichte des Zentrums für Begegnung und Kultur – Ibrahim al Khalil Moschee – verbindet. 1993 zog die Merkez Moschee an ihren jetzigen Standort in der Iburgerstraße um, und das alte Gebäude wurde an die Ibrahim al Khalil Moschee verkauft, die es bis dahin jeweils im Ramadan angemietet hatte.

Die Ditib Diyanet Moschee wurde 1987 auf Wunsch der türkischen Muslime in Osnabrück gegründet. Die Besonderheit der Diyanet Moscheen bundesweit ist, dass sie an das Präsidium für Religionsangelegenheiten der Türkei gebunden sind und mit ihm kooperieren. So werden periodisch neue islamische Gelehrte/Imame aus der Türkei in die Moscheen hier entsandt.

Ein weiteres junges Mitglied in der muslimischen Vereinslandschaft ist die 1990 gegründete Bosnische Moschee. Sie war anfangs eine Anlaufstelle für alle jugoslawischen Muslime. Einige Jahre später wurde der Verein umbenannt in Islamisches Kulturzentrum der Bosniaken.

Mitgliedsbeiträge und Spenden sind für die Moscheen wichtige Einnahmequellen, da sie sich von Anfang an auf diese Weise finanziert haben. Inzwischen sind sie stetig gewachsen und haben sich als soziokulturelle und religiöse Vereine im Osnabrücker Gemeindeleben etabliert. Auf Landesebene sind die Moscheen in der Schura Niedersachsen vertreten.

Anfangs waren es einige Familien und engagierte Personen, die die Moscheegemeinden ins Leben gerufen haben. Zurzeit liegt die durchschnittliche Mitgliederzahl der einzelnen Vereine bei 250. Die Vereinsstruktur und das gegenwärtige

◀ Die einzige äußerlich als solche erkennbare Moschee in Osnabrück ist die 2002 erbaute Basharat Moschee in der Atterstraße, die zur Ahmadiyya-Bewegung gehört. Doch auch sie ist hinter einer Häuserzeile versteckt und deshalb vielen Osnabrückern unbekannt

▼ In der Moschee am Goethering informiert Dua Zeitun interessierte Schüler über den Islam

Gemeindeleben der Moscheen gleichen sich im großen Maße. Jede Moschee hat einen Vorstand und Abteilungen für Frauen, Kinder und Jugendliche. Die Imame leisten neben ihrer Arbeit als Gelehrte auch Seelsorgearbeit für die Gemeindemitglieder. Das Gemeindeleben wird durch etliche Aktivitäten innerhalb und außerhalb der Gemeinschaft gestaltet. An Wochenenden richtet sich das Programm, in Form von Islam- und Koranunterricht, an Kinder und Jugendliche der Gemeinde. Daneben gibt es auch Betreuungsangebote für Kindergartenkinder und Nachhilfestunden für Schulkinder. Das wöchentliche Freitagsgebet ist eine Begegnungsstätte für die Männer, wobei auch ein reger sozialer Austausch stattfindet. Zudem gibt es etliche Vorträge für Männer und Frauen und Freizeitangebote, z. B. in Form von Ausflügen, für die jüngeren Gemeindemitglieder.

Der Fastenmonat Ramadan ist eine Zeit, in der dem Gemeindeleben ein erneuter Impuls gegeben wird. Solidarität, seelische und materielle Enthaltsamkeit und die Zuwendung zu Sinn gebenden Aktivitäten unterstreichen die Spiritualität dieser Zeit.

Die Moscheeverbände sind auch Impulsgeber für interkulturellen und interreligiösen Austausch. Es finden unter anderem interreligiöse christlich-muslimische Dom- und Moscheeführungen in Kooperation mit dem Bistum Osnabrück statt. Außerdem gibt es eine Zusammenarbeit mit der Osnabrücker Jüdischen Gemeinde. Regelmäßig treffen sich Vertreter der jüdischen, christlichen und muslimischen Gemeinden am »Runden Tisch der Religionen« und besprechen Anliegen der städtischen Öffentlichkeit. Gemeinsam wird Aktuelles reflektiert und es werden Denkanstöße für mögliche Projekte in Umlauf gesetzt. Die Wohltätigkeitsbasare der muslimischen Gemeinden sind eine weitere Plattform für kulturellen Austausch und zum Abbau von Berührungsängsten. Der Tag der offenen Tür am 3. Oktober gehört längst zur Tradition und bietet die Möglichkeit, in die Räumlichkeiten und das Gemeindeleben der Moscheen hineinzuschnuppern.

Seit der Eröffnung des Instituts für Islamische Theologie an der Universität Osnabrück wird die interreligiöse Kooperation und Interaktion verstärkt gefördert. Das Institut eröffnet allen Interessenten die Möglichkeit, sich mit dem Islam auf einer wissenschaftlichen Basis zu befassen, ohne auf eine sprachliche Barriere zu stoßen. Es ist eine Bereicherung für das öffentliche Leben in Osnabrück. •

▶ **SEYMA SAHIN**
ist Mitglied der Vikz Fatih Moschee und dort in der Jugendarbeit tätig.

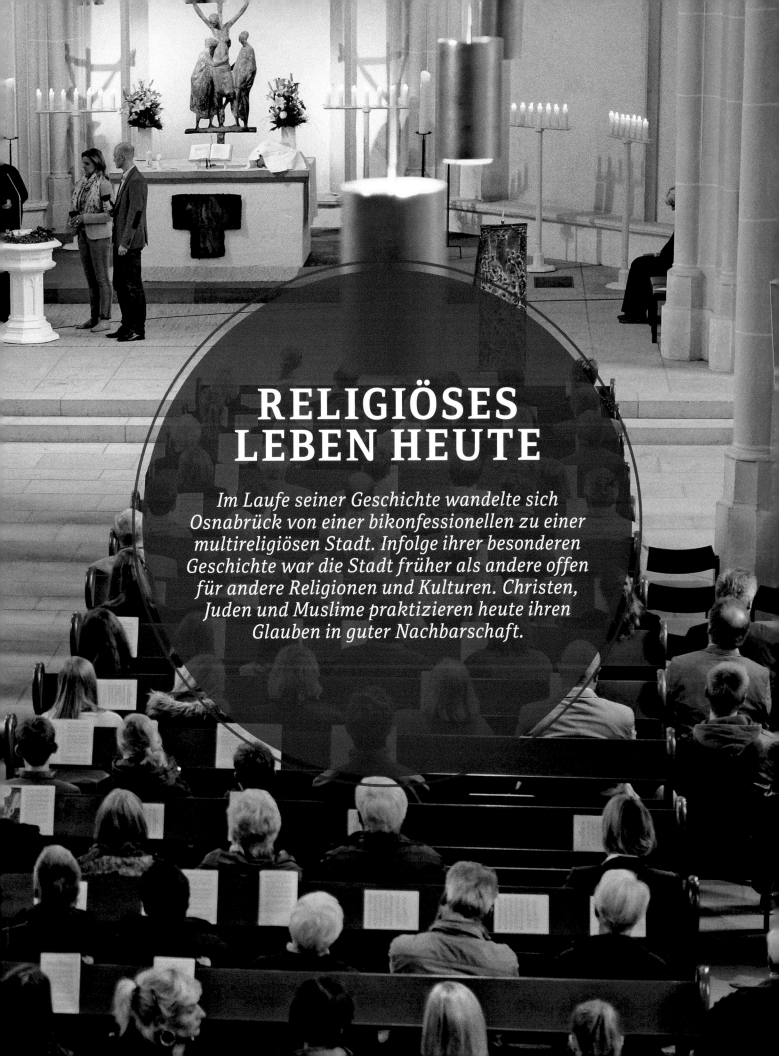

RELIGIÖSES LEBEN HEUTE

Im Laufe seiner Geschichte wandelte sich Osnabrück von einer bikonfessionellen zu einer multireligiösen Stadt. Infolge ihrer besonderen Geschichte war die Stadt früher als andere offen für andere Religionen und Kulturen. Christen, Juden und Muslime praktizieren heute ihren Glauben in guter Nachbarschaft.

Malerisch liegt das Stift Börstel, ein ehemaliges Zisterzienserinnenkloster, inmitten eines Waldgebiets weit im Norden von Osnabrück

Gelebte Ökumene durch die Jahrhunderte

Die Stiftsdamen von Börstel

—

VON BRITTA ROOK UND JOHANNA POINTKE

◀ Seite 62:
Gottesdienst in der
Kirche St. Katharinen

Das als Zisterzienserinnenkloster in Menslage gegründete Stift Börstel wurde um 1250 an seinen jetzigen Standort nahe Berge verlegt. Eine offene Lebensweise erleichterte im 16. Jahrhundert den Übergang zur freieren, stiftischen Lebensform. Seit 1542 bezeichnet sich der Konvent als »jufferen« (Jungfrauen) des Stiftes Börstel.

Reformatorisches Gedankengut drang nur langsam in die Gemeinschaft ein. Lutherische Elemente wurden von den Zisterzienserinnen geprüft und teilweise in das geistliche Leben übernommen. Ein Visitationsprotokoll aus dem Jahr 1625 berichtet, dass die Äbtissin und vier »Capitularinnen« lutherisch, zwei katholisch und drei »unklaren Glaubens« seien. Der Westfälische Frieden schrieb daraufhin fest, dass das Börsteler Kapitel sich aus acht evangelischen und zwei katholischen Frauen zusammensetzen und die Äbtissin immer evangelisch sein solle. Dies ist bis heute so geblieben. Das Chorgebet wurde gemeinsam gesungen, die Residenzpflicht wurde lange Zeit ernst genommen: Erst zum Ende des 19. Jahrhunderts lockerte das Kapitel die Residenzpflicht.

Die heute im Stift wohnhaften Kapitularinnen pflegen die täglichen Stundengebete und halten regelmäßig ökumenische Gottesdienste. Liturgisch orientieren sie sich dabei, ebenso wie bei der Arbeit mit Kindern und Jugendlichen, an der Bruderschaft von Taizé. Sie haben einen ökumenischen Jugendkonvent begründet und bieten geistliche Begleitung, Exerzitien und Einkehrzeiten für Menschen, die auf der Suche nach Gott und sich selbst sind.   ●

▶ **BRITTA ROOK**
   ist Äbtissin des Stifts Börstel.

   JOHANNA POINTKE
   ist Kapitularin im Stift Börstel.

Altenheime, Kitas und Hilfen für die Diakonie

Die Evangelischen Stiftungen haben ihren Ursprung im Mittelalter

—

VON FRANK HENRICHVARK

Die Kinder Estefania, Anastasia (mit Brille) und Leif sowie die Erzieherin und Reittherapeutin Doris Schulz mit den beiden Kita-Ponys Dana und Mogli

Wenn die Kinder aus der neuen Thomaskirchen-Kindertagesstätte am Limberg mit den beiden hauseigenen Ponys Dana und Mogli spielen, ahnen sie natürlich nicht, dass sie diesen Spielplatz einer mehr als 750 Jahre alten Stiftung verdanken: 1250 wurde in Osnabrück an der Turmstraße das Hospital zum Heiligen Geist eingerichtet. Es war das Erste in einer ganzen Reihe von wohltätigen Einrichtungen, Stiftungen und Vermächtnissen, die über die Jahrhunderte entstanden sind und später im Sondervermögen der »Evangelischen Stiftungen Osnabrück« zusammengefasst wurden.

Die Evangelischen Stiftungen sind rechtlich gesehen heute eine selbständige Institution, weder der Stadt noch der Kirche gehörend. Beide Begriffe in ihrem Namen erinnern aber daran, dass nach dem Ende des Dreißigjährigen Krieges für Osnabrück die Bestimmung getroffen wurde, in dieser Stadt der Reformation solle der (evangelische) Magistrat über weltliche wie kirchliche Angelegenheiten gleichermaßen entscheiden. Und das wirkt nach bis heute: So sitzen im Verwaltungsrat dieser Stiftung jeweils sechs Kirchenvertreter und sechs protestantische Ratsmitglieder. »Wichtige Entscheidungen«, so sagt denn auch der Stiftungsvorstand Johannes Andrews, »fällen wir deshalb nicht an der Stadt vorbei, sondern im gegenseitigen Einvernehmen«.

Zum Stiftungsvermögen gehört ein erheblicher Immobilienbesitz: 120 Mietwohnungen und 500 Erbbaurechte sind ebenso darunter wie größere Waldflächen, außerdem gehören drei Altenheime und sechs Kindertagesstätten dazu. Das Bilanz-Vermögen beträgt zusammen an die 45 Millionen Euro. »Ziel der Arbeit ist einerseits, das Vermögen zu erhalten, und andererseits, die Erträge für diakonische Zwecke bereitzustellen«, erklärt Johannes Andrews. »Etwa eine Million Euro fließen pro Jahr als Zuschüsse zum Beispiel in die Altenhilfe, in Sozialberatung, Suchthilfe, Telefonseelsorge oder andere Projekte der Diakonie in der Stadt Osnabrück.« Und weitere drei Millionen Euro hat allein die neue Kita am Limberg gekostet. ●

Das Katharina-von-Bora-Haus

Diakonie des 21. Jahrhunderts

—

VON SABINE WEBER

▶
Das moderne Katharina-von-Bora-Haus befindet sich in der Veilchenstraße, am Rande des beliebten Bürgerparks

▼
Der Andachtssaal im Katharina-von-Bora-Haus. Links an der Wand ein Porträt der Namensgeberin

Martin Luthers Ehefrau Katharina von Bora stand einem großen Haushalt vor: Neben der Familie waren Gäste, Schüler, Verwandte und Durchreisende zu versorgen. Diese vielfältigen Anforderungen machten Katharina von Bora zur passenden Namensgeberin eines der vielfältigsten und am stärksten altersgemischten Häuser der Diakonie in Osnabrück. Hier gibt es nicht nur eine Kindertagesstätte für Kinder von 0 bis 6 Jahren, sondern in einer Wohngemeinschaft leben auch 18 junge pflegebedürftige Menschen zusammen. Ein anderer Wohnbereich beherbergt die Kurzzeitpflege für Menschen mit Behinderung, in der Gäste im Alter von 10 bis 60 Jahren während der Abwesenheit der Angehörigen kurzzeitig versorgt werden. Darüber hinaus wohnen 72 alte pflegebedürftige Menschen mit und ohne Behinderung im Haus und werden von einem multiprofessionellen Team unterstützt.

Die große Gemeinschaft trifft sich regelmäßig zu Festen. Aber nicht nur zu besonderen Anlässen wird die Hausgemeinschaft gepflegt: In der täglichen Begegnung im Flur, beim Beobachten der kreativen Tätigkeiten der Kinder im Sandkasten und bei dem Rundgang durch den Garten, der sich in den ältesten Park der Stadt öffnet, finden vielfältige Begegnungen statt.

Die Kirchengemeinden beider Konfessionen, Vereine und Ehrenamtsgruppen beteiligen sich an dem Gelingen der Begegnungen. Das Katharina-von-Bora-Haus ist ein lebendiger Ort des Stadtteils, der allen Kindern, Gästen und Bewohnern ein Leben »mitten drin« ermöglicht. •

▶ **SABINE WEBER**
ist Geschäftsführerin des Diakoniewerks Osnabrück.

Mit Gebeten von Bonhoeffer, Chagall, Eichendorff, Gellert, Gerhardt, Luther, Marti, Osterhuis, u. v. a. m.

Udo Hahn (Hrsg.)
Du bist mir nahe
Tagesgebete
80 Seiten | 11 x 18 cm | Hardcover

€ 9,90
ISBN 978-3-374-04076-6

Am Morgen und am Abend oder einfach tagsüber an Gott denken? Keine Frage! Die Herausforderungen des Tages, seine Höhen und Tiefen, das Schöne und das Belastende mit Gott im Gebet zu teilen – das hilft 24 Stunden lang, gibt Mut und Kraft.

Udo Hahn (Hrsg.)
Gott segne diese Gaben
Tischgebete
80 Seiten | 11 x 18 cm | Hardcover

€ 9,90
ISBN 978-3-374-04075-9

Vor dem Essen beten? Ja, bitte! Ein kurzer Moment des Innehaltens, ein Augenblick der Stille, der Dankbarkeit für Essen und Trinken. Kurze Gebete zum ganz Alltäglichen, das doch nicht selbstverständlich ist, geben dem Essen und dem Leben die rechte Würze.

EVANGELISCHE VERLAGSANSTALT
Leipzig

www.eva-leipzig.de · Bestell-Telefon 0341 7114116 · vertrieb@eva-leipzig.de

 www.facebook.com/leipzig.eva

Osnabrück

Nicht eine, sondern die Friedensstadt
—

VON KARIN JABS-KIESLER

Osnabrück – um 770 von Karl dem Großen gegründet – hat eine lange Tradition als Friedensstadt. Schon um 1300 stellten ihre Einwohner die Fähigkeit zum friedlichen Miteinander unter Beweis, als die beiden Gemeinden der Alt- und Neustadt eine gemeinsame Stadtmauer errichteten. Seit 1648 entwickelten die Bürger diese Fähigkeit weiter, als aufgrund der wechselnden Thronfolge zwischen einem evangelischen und einem katholischen Bischof konfessionelle Toleranz und gegenseitige Akzeptanz geboten waren.

Daran erinnerten sich die Stadtväter und -mütter sehr wohl, als sie nach 1945 die durch den Bombenkrieg größtenteils zerstörte Stadt wieder aufbauten. So wurde ein Teil der Straße auf dem Wall in »Erich-Maria-Remarque-Ring« umbenannt und die Straße, in der bis 1938 die Synagoge stand, in »Alte-Synagogen-Straße«. Solche Umbenennungen waren Zeichen einer neuen, gelebten Friedenskultur in Osnabrück. Man erkannte, dass nur ein Geist der Toleranz und Humanität Ausgrenzung und Rassenwahn verhindern kann.

Die Stadt initiierte schon in den 1950er Jahren Strategien zur Eingliederung von Flüchtlingen, wenig später von sogenannten Gastarbeitern. Der Gedanke der Integration wurde durch die Universität und das dort bestehende Institut für Migrationsforschung und Interkulturelle Studien (IMIS) gefördert. So verfasste Osnabrück als erste Stadt in Deutschland einen Ausländerplan (1970), förderte die Interkultur und wählte einen Ausländerbeirat. Ein besonderes Beispiel für die politische Wachsamkeit und die Zivilcourage Osnabrücker Bürger war die Aktion »Osnabrücker zeigen Gesicht« im Jahre 2005. Es war die rasche Reaktion auf die Zerstörung eines Fotoprojekts mit Porträts von Asylsuchenden. Im Jahre 2014 zeigte sich solche Solidarität in Aktionen, die die Abschiebung von Flüchtlingen zu verhindern suchten. Die Erfolgsgeschichte der Osnabrücker Frie-

Im Westen nichts Neues
(Schutzumschlag der Erstauflage von 1929)

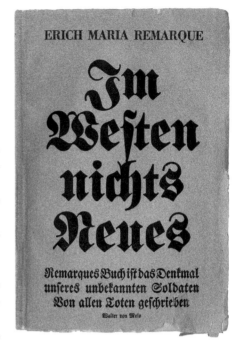

densgespräche, die alljährlich an sechs Abenden namhafte Diskutanten zusammenführen, zeigt ein für friedensrelevante Themen geschärftes Bewusstsein unserer städtischen Gesellschaft.

In den 1980er Jahren wurden dank bürgerschaftlichen Engagements mehrere Gesellschaften, Vereine und Initiativen gegründet, die sich der Gedenk- und Erinnerungskultur widmen. So wurden die Erich-Maria-Remarque-Gesellschaft, die Felix-Nussbaum-Gesellschaft, die Hans-Calmeyer-Initiative sowie die Initiativen Augustaschacht und Gestapokeller errichtet. Allen war bewusst, welcher Stellenwert der Aufarbeitung unserer belasteten Vergangenheit zukommt. Das führte zur Entstehung weiterer wichtiger Einrichtungen, die zu den Säulen der Friedenskultur in Osnabrück gehören. 1991 wurde der Remarque-Friedenspreis gestiftet, der alle zwei Jahre an Persönlichkeiten verliehen wird, deren Einsatz für Frieden, Humanität und Freiheit beispielhaft ist. Die Reihe der Preisträger von Lew Kopelew bis hin zu Avi Primor, der 2013 den Preis gemeinsam mit Abdallah Frangi erhielt, ist bemerkenswert.

Wenig später wurden das Remarque-Friedenszentrum sowie das von Daniel Libeskind geplante Felix-Nussbaum-Haus errichtet (▶ S. 21). Das Remarque-Zentrum hat neben der Dauerpräsentation zu Leben und Werk des in Osnabrück geborenen Autors zahllose Ausstellungen gezeigt, die sich mit Krieg und Diktatur auseinandersetzen. Das Felix-Nussbaum-Haus, das dem künstlerischen Vermächtnis des in Auschwitz ermordeten jüdischen Malers gewidmet ist, organisiert neben besonderen Ausstellungen auch Liederabende, Lesungen und Gesprächsrunden zu Aspekten jüdischer Kunst und Kultur. Der Aufarbeitung der Judenverfolgung dienen auch die Verlegung vieler »Stolpersteine« sowie der »Friedenspilgerweg«, der auf seinen acht Stationen am Mahnmal Alte Synagoge vorbeiführt. Zu erwähnen sind außerdem der jüngst gegründete »Runde Tisch der Religionen« sowie die »Gärten der Weltreligionen« im Gymnasium »In der Wüste«.

Hingewiesen werden muss aber auch auf das Steckenpferdreiten am Osnabrücker Friedenstag, dem 25. Oktober, an dem zur Erinnerung an die Verkündigung des Westfälischen Friedens alle Kinder der 4. Grundschulklassen mit selbstgebastelten Hüten und Steckenpferden über die Rathaustreppe ziehen (▶ S. 6 f.). Im Kontext dieses Tages finden nicht nur Konzerte statt als »musica pro pace«, sondern es wird auch ein ökumenischer Gottesdienst in einer der Innenstadtkirchen gefeiert, vorbereitet von der Arbeitsgemeinschaft Christlicher Kirchen, die im Friedensjahr 1998 auch einen ersten ökumenischen Kirchentag organisierte, an dem 15.000 Menschen teilnahmen. Aufgrund all dieser friedensrelevanten Aktivitäten wurde die Stadt im Jahre 2000 Sitz der Deutschen Stiftung Friedensforschung.

Das Theater am Domhof (▶ S. 10) widmet sich ebenfalls seit Langem friedenspolitischen Themen. So fand jüngst ein Friedenslabor statt, das auch an den Besuch des Osnabrücker Symphonieorchesters in Wolgograd Anfang Februar 2013 erinnerte. Denn dort setzten – 70 Jahre nach der Schlacht von Stalingrad – die Orchester beider Städte erstmalig nach dem Krieg mit Beethovens 9. Symphonie ein Zeichen des Friedens und der Versöhnung.   ●

Erich Maria Remarque (1898–1970) im Jahr 1929

Erich Maria Remarque ist der bekannteste Antikriegsschriftsteller des 20. Jahrhunderts. »Im Westen nichts Neues« ist noch heute jedem ein Begriff. In dem 1929 erschienenen Roman verarbeitete Remarque seine Weltkriegserfahrungen 1916–1918. Remarque wurde als Erich Paul Remark 1898 in Osnabrück geboren. Karriere machte er in Berlin, in der Schweiz und den USA. Osnabrück ehrte ihn 1963 mit der Möser-Medaille. 1970 starb der Schriftsteller in Locarno.

▶ **KARIN JABS-KIESLER**
  ist Oberstudienrätin i. R. und Bürgermeisterin der Stadt Osnabrück.

»Frieden schaffen ohne Waffen«

Am Stadtrand Osnabrücks liegt der Nazi-Gegner
und Pazifist Martin Niemöller begraben

VON MARTIN H. JUNG

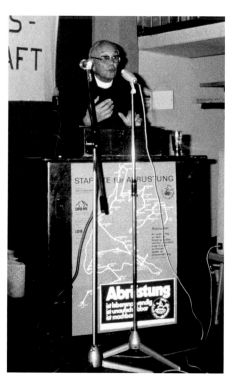

Martin Niemöllers Grab in Wersen.
Die Frage auf dem Grabstein »Herr,
was willst du, dass ich tun soll?«
erinnert an die Bekehrung des
Paulus (Apostelgeschichte 9) und
war das Lebensmotto Niemöllers

Martin Niemöller als Friedens-
kämpfer. Das Bild zeigt ihn bei
einer Ansprache am 24. April 1976
in Konstanz

Martin Niemöller zählt zu den bekanntesten – und umstrittensten – protestantischen Kirchenmännern des 20. Jahrhunderts. Neben Dietrich Bonhoeffer gehörte er zu denen, die 1933–1945 Hitler trotzten. Wie Bonhoeffer kam er deswegen ins Gefängnis, aber anders als dieser überlebte er und konnte nach 1945 die Geschichte Deutschlands mitgestalten.

Wirkungsorte Niemöllers waren Berlin-Dahlem, wo er als Pfarrer der Bekennenden Kirche wirkte und den Pfarrernotbund leitete, bis er 1937 nach Sachsenhausen kam, und Wiesbaden, wo er 1947–1964 als Kirchenpräsident von Hessen-Nassau tätig war. In den 1970er Jahren war er ein wichtiges Sprachrohr der Friedensbewegung. Niemöller starb 1984 im hohen Alter von 92 Jahren, doch er wurde nicht in Wiesbaden oder in Dahlem begraben, sondern in Wersen bei Osnabrück.

Welche Verbindung hatte Niemöller zum Osnabrücker Land? Aus Wersen stammte seine Familie; der Großvater hatte dort als Lehrer und Kantor gewirkt. Als Jugendlicher besuchte Martin Niemöller dort seine Verwandten. Aber Wersen war auch der Ort, wo er 1919 seinem Leben eine neue Ausrichtung gab. Der U-Boot-Kommandant des Ersten Weltkriegs beschloss dort während einer landwirtschaftlichen Lehre, ein Theologiestudium aufzunehmen und Pfarrer zu werden, und im Laufe der Jahre wurde aus dem früheren Soldaten ein überzeugter Pazifist. Wersen war der Ort der Wende. »Werde ich Theologe?«, schrieb er dort am 17. September 1919 in sein Tagebuch. Den Ort der Wende – »vom U-Boot zur Kanzel« – bestimmte er zum Ort seiner letzten Ruhe. ●

Schönes und Gelehrtes

VON LENNART NEUFFER

Rubbenbruchsee

Wiesen, Wald, Wasser – diese Idylle bietet der Rubbenbruchsee im Westen der Stadt, das beliebteste Naherholungsgebiet der Osnabrücker. Der See ist seit 1968 entstanden, als im Zuge des Autobahnbaus der südlich gelegenen A 30 Aufschüttmaterial benötigt wurde – und gleichzeitig die Chance für ein »Biotop von Menschenhand« genutzt werden konnte. Heute ziehen nicht nur Spaziergänger und Radfahrer ihre Runde um den See und genießen zu jeder Jahreszeit die Reize der Landschaft, sondern auch Läufer und Reiter sind in seiner Nähe anzutreffen.

Justus Möser

Der Osnabrücker Politiker, Jurist, Historiker und Publizist Justus Möser (1720–1794) gehört zu den bedeutenden Persönlichkeiten der deutschen Geistesgeschichte im Zeitalter der Aufklärung. Insbesondere seine »Patriotischen Phantasien« und die »Osnabrückische Geschichte« fanden und finden bis heute Beachtung, wie schon bei seinen Zeitgenossen Lessing, Herder und Goethe. Möser gründete die erste Osnabrücker Zeitung, das

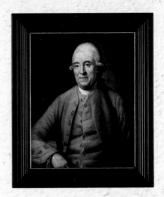

»Osnabrücker Intelligenzblatt«, und baute das heutige deutsche Rechtssystem auf, indem er das germanische Recht in das römische Recht überführte. Im Gedenken an die Verdienste Justus Mösers verleiht die Stadt Osnabrück die »Möser-Medaille« an Personen, die sich um Osnabrück oder die Region verdient gemacht haben.

»500 Jahre Reformation Osnabrück«

Unter diesem Motto bereitet sich Osnabrück auf das Jahr 2017 vor. Lutheraner und Reformierte, Protestanten und Katholiken, Kirchen und Öffentlichkeit arbeiten dabei in guter, für die Stadt typischer Harmonie zusammen. Annähernd 30 Organisationen und Institutionen haben bereits ihre Mitwirkung zugesagt. In einer Steuerungsgruppe koordinieren Evangelisch-lutherischer Kirchenkreis, Bistum, Stadt, Landkreis, Landschaftsverband und das Institut für Evangelische Theologie der Universität die Vorbereitung des Großereignisses. Die Förderung der Ökumene sowie des Dialogs zwischen den Religionen ist neben der Erinnerung an die Geschichte und der Auseinandersetzung mit kirchlichen Gegenwarts- und Zukunftsfragen ein wichtiges Ziel.

Morgenland Festival

Das »Morgenland Festival Osnabrück« findet seit 2005 statt und ist von der Idee der Wertschätzung kultureller Impulse von Abendland und Morgenland geprägt. Unter den internationalen Musikfestivals genießt es einen hervorragenden Ruf. Diese einzigartige Plattform lässt Gemeinsamkeiten entdecken, Unterschiede anerkennen, Fremdartigkeit überwinden und durch Respekt und Anerkennung einen offenen Dialog führen. Die teilnehmenden Künstler erhalten Zeit und Raum für die Realisierung ihrer Projekte, weil das musikalische Programm nicht als fertiges Produkt aufgeführt, sondern erst am Ort erarbeitet wird.

▶ www.morgenland-festival.com
▶ CD-Tipp: Morgenland All Star Band »Dastan« (2014)

▶ **LENNART NEUFFER**
ist Inhaber der Buchhandlung zur Heide in Osnabrück.

Impressum

OSNABRÜCK
ORTE DER REFORMATION
Journal 20

Herausgegeben von Martin H. Jung und Friedemann Pannen

Die Deutsche Bibliothek verzeichnet diese Publikation in der Deutschen Nationalbibliographie; detaillierte bibliographische Daten sind im Internet über http://dnb.ddb.de abrufbar.

© 2015 by Evangelische Verlagsanstalt GmbH · Leipzig
Printed in EU · H 7865

IDEE ZUR JOURNALSERIE
Thomas Maess, Publizist, und Johannes Schilling, Reformationshistoriker

GRUNDKONZEPTION DER JOURNALE
Burkhard Weitz, chrismon-Redakteur

COVERENTWURF
NORDSONNE IDENTITY, Berlin

COVERBILD
Stadt Osnabrück, Presse- und Informationsamt

LAYOUT
NORDSONNE IDENTITY, Berlin

BILDREDAKTION
Albert de Lange

ISBN 978-3-374-04028-5
www.eva-leipzig.de

DR. ALBERT DE LANGE
verantwortlicher Redakteur dieses Heftes

www.luther2017.de

DANK FÜR FÖRDERUNG
Die Herausgabe dieses Heftes wurde ermöglicht durch großzügige finanzielle Unterstützungen der Herrenteichslaischaft Osnabrück, der Evangelischen Stiftungen Osnabrück, der Evangelisch-lutherischen Landeskirche Hannovers sowie des Evangelisch-lutherischen Kirchenkreises Osnabrück.

Bildnachweis

Bernard, Andreas: S. 25 o.
Diakoniewerk Osnabrück: S. 66 (2x)
Diözesanmuseum Osnabrück (Foto: Hartwig Wachsmann): S. 50–51
Diözesanmuseum Osnabrück: S. 52
Diözesanmuseum Osnabrück (Foto: Hermann Pentermann): S. 73
Erich Maria Remarque-Friedenszentrum Osnabrück: S. 69 (2x)
Felix-Nussbaum-Haus/Kulturgeschichtliches Museum Osnabrück: S. 28 l., 40, 71 r.
Felix-Nussbaum-Haus/Kulturgeschichtliches Museum Osnabrück (Foto: Christian Grovermann): S. 33
Groß, Wilfried: S. 30, 32
Herrenteichslaischaft: S. 42 Mitte
Herzberg, Thomas: S. 25 u., 58 o., 59 r., 60, 61 r.
Jung, Martin H.: S. 2 o., 4–5, 8–9, 10 (2x), 12–13, 15, 16 (2x), 18, 19, 20, 22, 24 u., 35, 36, 37, 44–45, 46, 47, 53, 54, 55, 57, 58 u., 59 l., 61 l., 68, 70 l.
Kirchenkreis Osnabrück: S. 1 r.
Koch, Hans Ulrich: S. 70 r.
Kruckemeyer, Axel: S. 3 u., 48, 49, 62–63
Kube, Stephan: S. 34
Landkreis Osnabrück: S. 3 o., 38
Leysieffer GmbH: S. 24 o.
Neuffer, Lennart: S. 71 l.

Osnabrück – Marketing und Tourismus GmbH (Foto: Brigitte Neuhaus): S. 11 o., S. 11 Mitte
Osnabrück – Marketing und Tourismus GmbH (Foto: Sven Christian Finke): S. 11 u., 23 o.
Pentermann, Hermann: S. 65
Rook, Britta: S. 64
Schagon, Klaus: S. 56
Schulstiftung im Bistum Osnabrück: S. 23 u.
Staatliches Baumanagement Osnabrück-Emsland: S. 31, 39
Stadt Osnabrück, Fachdienst Geodaten: S. 2 u., 26–27, 28 r., 42 o., 43
Stadt Osnabrück, Presse- und Informationsamt (Foto: Hermann Pentermann): S. 21
Stadt Osnabrück, Presse- und Informationsamt: S. 6–7
Tourismus Information Bad Iburg (Foto: Helmut Schmidt): S. 41
Universität Osnabrück (Foto: Elena Scholz): S. 1 l.
Voß, Helmut: S. 17